Helge Peukert

Makroökonomische Lehrbücher: Wissenschaft oder Ideologie?

Helge Peukert

Makroökonomische Lehrbücher: Wissenschaft oder Ideologie?

Metropolis-Verlag
Marburg 2020

Bibliografische Information Der Deutschen Bibliothek
Die Deutsche Bibliothek verzeichnet diese Publikation in der Deutschen Nationalbibliografie; detaillierte bibliografische Daten sind im Internet über <https://portal.dnb.de> abrufbar.

Metropolis-Verlag für Ökonomie, Gesellschaft und Politik GmbH
https://www.metropolis-verlag.de
Copyright: Metropolis-Verlag, Marburg 2018
2. Auflage 2020
Alle Rechte vorbehalten
ISBN 978-3-7316-1431-9

Inhaltsverzeichnis

Vorwort zur 2. Auflage 7

Vorwort 9

Kapitel 1: Der analytische Rahmen 13

Kapitel 2: Olivier Blanchards und Gerhard Illings
Makroökonomie 25

Kapitel 3: Fazit 77

Kapitel 4: Weitere makroökonomische Lehrbücher
und Vorschläge für eine pluralistische
Makroökonomie 85

Literaturverzeichnis 119

Vorwort zur 2. Auflage

Schneller als bei der Erstauflage geahnt, befindet sich zum Zeitpunkt dieser zweiten Auflage die Weltwirtschaft, die EU, eigentlich alle Länder dieses Globus und die Finanzsphäre in einer ernsthaften Krise. Nach Ansicht des Verfassers sind zoonotische Infektionen wie Corona ein weiterer Warnschuss, dass die Menschheit die biosphärischen Grenzen überschritten hat und unser wachstumsorientiertes Zivilisationsmodell zur Disposition steht, dessen Grundlagen die vorherrschenden Lehrbücher leider ohne Wenn und Aber teilen.

Während der Verfasser dieser Tage durch den dürrebedingt sterbenden Wald läuft, werden für die Wiederankurbelung des Wachstums Billionen Schulden aufgenommen. Diese Maßnahmen bis hin zu den Zuschüssen der EU-Kommission dürften den definitiven Crash der Weltwirtschaft vermieden haben. Wie kleinkariert nimmt sich im Vergleich zu den Stützungsmaßnahmen die Quintessenz eines der am weitverbreitetsten und in diesem Buch analysierten Lehrbücher aus, dessen Weisheiten und Ratschlägen in den letzten Sätzen ihres Lehrbuches zum Glück niemand Beachtung schenkte:

> „Wenn es einen Konsens gibt, dann die Überzeugung, dass der Anpassungsprozess zwar im Fall kleiner Schocks und unter normalen Bedingungen funktioniert; dass er dagegen bei außergewöhnlich großen Schocks versagt und der Spielraum für Politik dann begrenzt ist. Es kann lange dauern, bis sich die Wirtschaft von selbst erholt" (Blanchard/Iling 2017, S. 732).

Zum Zeitpunkt dieser zweiten Auflage sieht es leider so aus, dass man aus den Warnsignalen der Natur wenig lernt. Zwar gibt es Nebelkerzen wie der der „Klimaneutralität" und den Bekenntnissen zu einem grünen New Deal. Bisher folgten keine Taten, wohl aber werden Milliarden z.B. an die deutsche Flugzeugbranche verteilt, ohne ökologische Komponenten wie der Aufgabe von Kurzstreckenflügen.

Dabei hätte die Corona-Krise der Beginn z.B. eines Ausstieges aus der Abhängigkeit des Staates von Steuern, die Wachstum voraussetzen, und

Anleihen, mit denen man sich vom Kapitalmarkt – nicht zuletzt durch die Billionen Kreditaufnahmen in Reaktion auf Corona – abhängig macht, sein können. Anstatt (nicht nur) die Auto- und Flugzeugbranche wieder aufzupäppeln, hätte man den Arbeitslosen (auch) dieser Branchen in einem dritten, öffentlichen Sektor ökologisch-soziale Arbeitsplätze anbieten können. Ein solches Recht auf nachhaltige Arbeit müsste angesichts des Zustandes unseres Planeten zu einem großen Teil über zugeteiltes Geld der Notenbanken (EZB) ohne Tilgungs- und Zinszahlungen realisiert werden; über die Höhe und Verteilung müsste man demokratisch entscheiden.

Auch die Globalisierung der Lieferketten steht nach Corona auf dem Prüfstand. Ohne am besten europaweite Grenzausgleichsabgaben (Zölle) zur Vermeidung von unfairem Wettbewerb und öko-sozialem Dumping und eine Einpreisung der gravierenden Umweltbelastungen durch riesige Containerschiffe wird eine wirklich nachhaltige Wirtschaft mit akzeptablen Mindestlöhnen und drastischen Ressourceneinschränkungen nicht funktionieren. Eine suffiziente Postwachstumsgesellschaft mit teureren Flachbildschirmen und weniger Güterkonsum kann glücklicher machen. So waren viele Menschen und nicht nur der Verfasser glücklich, in ihrem Leben seit Jahrzehnten mal wieder oder zum ersten Mal einen wirklich blauen und nicht trüben Himmel ohne Kondensstreifen und Städte ohne dauerhaften Verkehrslärm und besserer Luft erleben zu können.

Die auch hierzulande dominanten Lehrbücher haben zu einer solchen großen Transformation überhaupt nichts beizutragen, im Gegenteil. Die Lehrbücher von Reardon et al. (2018) und Mitchell et al. (2016), um nur zwei Beispiele herauszugreifen, sind aber konstruktive Beiträge zur Frage, wie neben der Vermittlung des Grundlagenwissens ein solcher nötiger Systemwechsel einzuleiten wäre.

Siegen, Mai 2020

Vorwort

Die vorliegende Untersuchung makroökonomischer Lehrbücher ist eine Fortsetzung der Studie zu den mikroökonomischen Lehrbüchern (Peukert 2018), die im Zusammenhang mit einem vom *Forschungsinstitut für gesellschaftliche Weiterentwicklung* (FGW) vergebenen zweijährigen Forschungsprojekt steht. Auch die Makroökonomie gehört zum Kernbereich der volkswirtschaftlichen Lehre an Hochschulen. Nicht zuletzt die Kritik an diesen Veranstaltungen führte zu den weltweiten Protesten der pluralen Studierenden.

Die Bedeutung der Lehrbücher (im Folgenden auch im Plural mit LB abgekürzt) brachte Paul Samuelson pointiert auf den Punkt: „‚Poets are the unacknowledged legislators of the World'. It was a poet who said that, exercising occupational license. Some sage, it may have been I, declared in similar vein: ‚I don't care who writes a nation's laws – or crafts its advanced treaties – if I can write its economic textbooks.' The first lick is the privileged one, impinging on the beginner's *tabula rasa* at its most impressionable state" (Samuelson 1990, S. IX). Den LB der Makroökonomie kommt tatsächlich auch rein quantitativ eine große meinungsbildende Bedeutung zu. „Jedes Jahr absolvieren ungefähr fünf Millionen Collegestudenten allein in den USA einen Ökonomiekurs. Ein standardmäßiger Einführungskurs aus den USA – bekannt als Econ 101 – wird heute überall auf der Welt angeboten, und Studenten von China bis Chile lernen mit Übersetzungen derselben Lehrbücher, die in Chicago und in Cambridge in Massachusetts benutzt werden" (Raworth 2018, S. 17). In den USA gehört Econ 101 auch zum Pflichtprogramm für Ingenieure, Ärzte, Journalisten u.a.

Dank der Studie von Christian Rebhan (2017) liegt zu den in Deutschland verwendeten LB zur Makroökonomie ein präziser Überblick darüber vor, welche Texte an deutschen Universitäten in Bachelorveranstaltungen zum Einsatz kommen. Von den insgesamt rund 60 LB, die für diese Analyse durchgesehen wurden, dominieren in der Makroökonomie deutlich die verschiedenen Varianten von Blanchard (und Illing) und die niveaumäßig hierzu deutlich abfallenden LB von Mankiw (die englischen und deutschen Versionen der beiden LB unterscheiden sich nur geringfügig).

Der Verfasser dieser Studie erhebt keinesfalls den Anspruch, Experte für die Makroökonomie zu sein. Insofern dürften sich eine ganze Reihe von Aussagen und Behauptungen im Text finden, über die sich trefflich streiten lässt. Diese Studie wurde vorab kaum der kritischen Durchsicht der wenigen heterodoxen oder orthodoxen Fachleute ausgesetzt, da dies sicher einiger Zeit bedurft hätte und die analysierten Auflagen der Lehrbücher dann womöglich schon durch neue überholt wären. Ich bitte alle Leser, mir Fehler, Unklarheiten und sonstige Anregungen zuzusenden, um den Text in einer Zweitauflage zu verbessern.

Genauso wie schon bei der Studie zu den LB der Mikroökonomie (Peukert 2018) war es für den Verfasser der vorliegenden Untersuchung bedrückend zu beobachten, wie man auch in der Makroökonomie wissbegierige und gestaltungsfreudige junge Menschen durch realitätsferne und oft ausgesprochen langweilige und weltanschaulich einseitige Einführungen demotiviert.

Dabei ist das reale Wirtschaftsleben bunt und spannend und es bedarf v.a. angesichts der kriselnden EU, der Bedrohung der Biosphäre und zahlreicher anderer Herausforderungen junger, kompetenter Intellektueller mit klarem Kompass, die sich nicht, wie die meisten der heute im Wissenschaftsbereich übrig Bleibenden, als Wissenschaftsfunktionäre und Sachverwaltergehilfen des Politikbetriebs verstehen.

Die Analyse ist bewusst kürzer gehalten als das Buch zur Mikroökonomie, um den Einarbeitungsaufwand zu reduzieren. Aus diesem Grund wurde auch bewusst auf eingehendere dogmenhistorische Bezüge weitgehend verzichtet. Christian Rebhan wird eine Studie zu den diversen LB Mankiws verfassen, der nicht allzu sehr vorgegriffen werden soll.

Der bereits in der Studie zu den Mikrolehrbüchern angewandte analytische Rahmen (Peukert 2018, Kapitel 1) wird hier nur gekürzt und ohne Literaturverweise wiedergegeben, um eine allzu lange Doppelung zu vermeiden. Zur besseren Lesbarkeit wird bei personenbezogenen Bezeichnungen, die sich auf Frauen und Männer beziehen, nur die männliche Form angeführt, was natürlich nicht als Geschlechterdiskriminierung oder als Verletzung des Gleichheitsgrundsatzes zu verstehen ist.

Bei den Nachforschungen zum internationalen Stand der heterodoxen Literatur für die Siegener (Alternativ-)Bibliothek konnte man feststellen, dass es neben nur wenigen deutschsprachigen Beiträgen im angelsächsischen Bereich eine ganze Reihe sehr niveauvoller Kritiken und Lehrbuchalternativen gibt, die leider in Deutschland so gut wie unbekannt sind und in Lehrveranstaltungen überhaupt keine Rolle spielen. Sie werden in Kapitel 4 behandelt und mögen als Anregung für eine bessere Lehre dienen.

Das empirisch-hermeneutische Ergebnis dieser Studie lautet: Die den Lehrveranstaltungen zugrunde liegenden Makrolehrbücher, für die es, wie gerade erwähnt, Alternativen gäbe, sind einseitig und in vielerlei Hinsicht unbefriedigend, die Kritik der Studierenden und heterodoxer Ökonomen trifft ohne jeglichen Zweifel zu! Es wurde hier bewusst ein LB von Blanchard und Illing in den Vordergrund der Analyse gestellt, weil es im Unterschied zu Mankiws LB nicht so plump und elementar ausfällt und ihm sogar in Kreisen pluraler und keynesianisch ausgerichteter Lehrender – anders als Mankiw und den Beiträgen anderer – eine gewisse Wertschätzung entgegengebracht wird und es in der Lehre verwandt wird. Es wird sich allerdings zeigen, dass die Kritik der Studierenden auch auf dieses LB zutrifft.

Gelegentlich hört man den Einwand, in der tatsächlichen makroökonomischen Lehre gehe es doch viel pluraler zu als in den untersuchten LB. Dem stehen viele Berichte von Studierenden in Deutschland gegenüber, die hiervon wenig bemerken. Da die Syllabi und Powerpoints der Lehrveranstaltungen leider meist nicht öffentlich zugänglich sind, lässt sich diese Aussage nicht genau überprüfen.

Eine ganze Reihe von Untersuchungen zu Modulbeschreibungen, Klausurfragen, Powerpoints usw. legen aber eindeutig nahe, dass der Inhalt der Lehrveranstaltungen zumeist kaum von den Inhalten der Lehrbücher abweicht (siehe u.a. Gärtner 2001; Wigstrom 2013; Earle et al. 2017 und Beckenbach et al. 2016, Kapitel 7).

Mein Dank geht neben Elsa Egerer und Christian Rebhan auch wieder an die Mitstreiter des alternativen Studiengangs in Siegen für konstruktive Gespräche und an die Fakultät III der Siegener Universität für die freundliche, für Anregungen offene und forschungsintensive Atmosphäre. Dirk Ehnts und Sebastian Dullien danke ich für einige kritische Anmerkungen und dem FGW für die Förderung des Forschungsprojekts, ohne die diese Untersuchung nicht hätte durchgeführt werden können. Und zum Schluss auch noch ein Dank an Isabell Kieser für sprachliche Verbesserungen und den Verleger Hubert Hoffmann für die schnelle und kompetente Fertigstellung des Buches.

Als letztliche Motivation steht hinter dieser Studie ein wirtschaftsethisches Anliegen: Demokratische Entscheidungsstrukturen einschließlich pluraler wissenschaftsinterner Strukturen, sozialer Zusammenhalt auch durch Vermeidung zu großer sozialer Ungleichheit, die Förderung kultureller Diversität, die ökologische Dimension und der Erhalt unserer Biosphäre liegen mir neben einer effizienten materiellen Güterversorgung am Herzen.

Angesichts der immer deutlicher und sichtbarer hervortretenden Bedrohung unserer Umwelt, der auch hiermit zusammenhängenden Frage einer wohl zu weit vorangetriebenen (Hyper-)Globalisierung sowie sich häufender Finanzkrisen bedarf es einer Weitung auch des makroökonomischen Fragen-, Modell- und Reflexionshorizonts durch heterodoxe Ansätze.

Über zahlreiche Kritiken und Anregungen würde ich mich freuen (helge.peukert@uni-siegen.de)!

Siegen, Juli 2018

Kapitel 1
Der analytische Rahmen

Bei der folgenden Untersuchung wird von einem **Mainstream I** und **II** ausgegangen, wobei die Bezeichnung abhängt vom starken (= Mainstream I, im Folgenden M I) oder vorsichtigeren (= Mainstream II, im Folgenden M II) Vertreten des weiter unten in 11 Punkten charakterisierten Metaparadigmas des Mainstreams (vertiefte Ausführungen und Literaturverweise finden sich in Peukert 2018, Kapitel 1).

Die **Neoklassik** ist ein Teilelement des Mainstreams I. Sie enthält u.a. folgende Bausteine: Die Volkswirtschaftslehre untersucht die Allokation knapper Ressourcen, die Produktionsmöglichkeitskurve, Opportunitätskosten, Gleichgewichtskonzepte (statisches, partielles, allgemeines), abnehmende Grenznutzen, Nutzenmaximierung, Indifferenzkurven, marginale Raten der Substitution, Einkommens- und Substitutionseffekte usw. (siehe Lee 2010).

Unter einem Metaparadigma ist hier eine generelle Einteilung der Richtungen in der VWL in einen Mainstream und eine Heterodoxie anhand basaler Charakteristika zu verstehen. Mit dieser Annahme wird über Kuhn und Lakatos hinausgehend unterstellt, dass sich Denkschulen wie z.B. der Monetarismus nicht isoliert entwickeln, sondern in Zusammenhang mit allgemeinen Metaparadigmen stehen, die Theoriesysteme, Methodenregeln und andere Identitätskriterien umfassen. Das Paradigma des Mainstreams zeichnet sich generell v.a. durch die Musterannahme der generellen Stabilität der Marktökonomie aus bzw. es dienen als Ausgangspunkt der Analyse zumindest Gleichgewichtskonzepte. Die Heterodoxie bestreitet demgegenüber v.a. die systemimmanenten Selbstanpassungstendenzen bzw. deren Relevanz als Theoriefokus.

Folgende **Schulrichtungen** werden unterschieden (M I und II = Mainstream I und II, H = Heterodoxie; die jeweiligen Stichworte sind nur eine andeutende Auswahl):

- *Neoklassik vor Keynes* (M I): rationale Akteure, markträumende Preise, stabile Erwartungen, Loanable Funds, Quantitätstheorie, Says Gesetz

- *Neoklassische Synthese* (M II): Hicks, Modigliani, Hansen, Konsumneigung, aggregierte Nachfrage, Liquiditätspräferenz, IS-LM, Sonderfälle, z.B. Liquiditätsfalle, Phillips-Kurve

- *Monetarismus* (M I): Friedman, Quantitätstheorie und Geldnachfrage, erwartungskorrigierte Phillips-Kurve, NAIRU

- *Walrasianische Ungleichgewichtsansätze* (M II): Clower, Leijonhufvud, Malinvaud, Ungleichgewichte durch Informations- und Koordinationsprobleme, fehlender Auktionator, effektive und notionale Nachfrage, Rationierung

- *Neuklassik (NK)* und *Real-Business-Cycle-Schule (RBC)* (beides M I): NK: Lucas, Muth, Sargeant, Barro, rationale Erwartungen, Gleichgewichte bereits der kurzen Frist, Inselparabel, Lukas-Kritik, Politikineffektivitätsthese; RBC: Prescott, Kydland, Plosser, Konjunkturzyklen durch technologische Schocks, Hypothese der intertemporalen Arbeitssubstitution, Geldneutralität, Kalibrierung

- *Neukeynesianismus* (M II): Mankiw, Summers, Blanchard, Menükosten, Mikrofundierung, Preisrigiditäten, Effizienzlöhne, Hysterese-Effekte

- *Neues Konsensmodell, neue neoklassische Synthese* bzw. *New Consensus Macroeconomics* (M I oder M II): oft in Form unterschiedlicher DSGE-Modelle und mit Kombination neuklassischer, neukeynesianischer und angebotstheoretischer Elemente

- *Verhaltensökonomie* (M II + H): kognitive Verhaltensanomalien, (Markt-)Experimente, Prospect-Theorie, Heuristiken, *Framing*, Herdenverhalten, Shiller: *Behavioral Finance*

- *Neuroökonomie* (M II): „unlogisches" Entscheidungsverhalten v.a. bei Risiko und Unsicherheit, Verlustaversion, soziales Entscheiden (Neuromarketing), Magnetresonanztomographie

Kapitel 1: Der analytische Rahmen 15

- *Komplexitätsökonomie* (M II + H): vielfältige und ganzheitliche Beziehungsgefüge ohne eindeutige Gleichgewichte und Vielfalt der Verhaltensmöglichkeiten und irreversiblen Eigendynamiken, nicht lineare, sondern zirkuläre Kausalität, Agent Based Modeling

- *Kritischer (Alt-)Institutionalismus* (H): Veblen, Commons, Institutionen, Habitus, Statuskonsum, Emulation, kumulative Verursachung, soziale Minima, Veblen-, Snob-, Bandwagon-Effekte, Technostruktur, Easterlin-Paradox

- *Neue Institutionenökonomie* (M II): Williamson, Coase, Zuweisung von Handlungs- und Verfügungsrechten, Transaktionskosten, Opportunismus, hold-up, horizontale/vertikale Integration, adverse Selektion, Pfadabhängigkeit

- *Ordoliberalismus* (H): Eucken, Röpke, Vollkommene Konkurrenz als zu sichernde gesetzte Ordnung, Haftungsprinzip, Vitalpolitik, soziale Marktwirtschaft (Müller-Armack)

- *Österreichischer Ansatz* (M II + H): Menger, Mises, Privateigentumsrechte, Entrepreneurship, Praxeologie, Aggregateaversion, freie Märkte, Anmaßung von Wissen, Wettbewerb als Entdeckungsverfahren, Subjektivismus

- *Informationsökonomie* (M II + H): Simon, Stiglitz, Kosten der Informationsbeschaffung, Marktunsicherheit und mögliche Ineffizienz wegen unvollständiger Informationen, asymmetrische Informationsverteilung, Screening, Signaling

- *Post-Keynesianismus* (H): Lavoie, Minsky, Davidson, Unsicherheit, Nichtergodizität, historische Zeit, Marktinstabilitäten, Mark-Ups, Produktion, endogenes Geld, Animal Spirits, Stock-Flow consistent Modeling, aktive Fiskal- und Verteilungspolitik

- *Sozioökonomie* (H): Putnam, Bellah, Einbettung, sozialökonomische Rationalität/starke Reziprozität, Tugendethik, Sozialkapital, soziale Kohäsion, caring und sharing economy, Kooperation

- *Regulationstheorie* (H): (post-)fordistische politökonomische Akkumulationsregime; Produktion, staatliche Herrschaft und ideologische Denkformen integrierende Regulationsmodi

- *Marxismus/Radicals* (H): Macht, Ausbeutung, Eigentumsverhältnisse, Interessengegensätze und soziale Konflikte, kulturelle Hegemonie, Wirtschaftsdemokratie

- Historische Schule (H): Schmoller, Wirtschaftsstile und -systeme, hermeneutisches Verstehen, Homo Duplex, Märkte als sozialrechtliche Institutionen

- *Neoricardianismus* (H): Garegnani, Schefold, Kritik Neoklassik: Kapitalkontroverse, Sraffa-System, Surplus-Ansatz, Verteilung als unabhängige Variable

- *Ökologische Ökonomik* (H): holistische Ökosystemperspektive, starke Nachhaltigkeit, Entropie/Thermodynamik, absolute biosphärische Grenzen, materieller Ressourcendurchsatz, Postwachstum, Suffizienz, ökologischer Fußabdruck, Unsicherheit und Vorsichtsprinzip, Glücksforschung

- *Feminismus* (H): Gender, soziale Zuschreibungen, Diskriminierung, männliches Dominanzverhalten als Habitus, Hausarbeit, Empathie

Nach einer kritischen Vorabdurchsicht der LB und bereits vorliegender Einteilungsversuche (siehe z.B. M1 bis M6 bei Beckenbach et al. 2016, Kapitel 6 und 7) sollen folgende Charakteristika zur Erfassung des begrifflichen und konzeptionellen Netzwerks des Mainstreams (I und II) dienen, deren Abkürzungen (M1 bis M11 und H1 bis H11 für die Heterodoxie) bei der folgenden Inhaltsanalyse verwendet werden:

M1. Die VWL befasst sich mit dem Studium freiwilliger Wahlhandlungen (Konsumentensouveränität) unter Knappheitsbedingungen. Die „Produktionsfunktion" des materiellen Wohlstands basiert auf materiellen Quellen: (Boden,) Kapital und Arbeit.

M2. Ökonomische Akteure sind durch optimierend-rationales, utilitaristisches Selbstinteresse motiviert. Sie folgen einer instrumentellen, strategischen (Spieltheorie) oder in der Neuen Institutionenökonomie als anthropologisch konstant angenommenen opportunistischen Handlungsorientierung und sind ggf. durch *bounded rationality* beschränkt (M II). Auf der Grundlage eines gegebenen Sets an Präferenzen versuchen sie, die Befriedigung ihrer insgesamt unbegrenzten eigenen Konsumbedürfnisse zu maximieren.

Folgerichtig gilt der methodologische Individualismus, d.h. der Ausgangspunkt liegt auf dem individuellen Verhalten, das zu ökonomischen Strukturen und Phänomenen führt. Eine Mikrofundierung der Makroökonomie wird als vorteilhaft angesehen.

M3. Allokative Effizienz und BIP-Wachstum sind die impliziten oder expliziten primären Ziele der Wirtschaft und Garanten für Wohlstand und Wohlbefinden.

M4. Das sich im freien Spiel der Marktkräfte herausbildende System relativer Preise ist die entscheidende Voraussetzung für ökonomische Effizienz. Es gilt das Substitutionstheorem. Es wird – implizit oder explizit – eine Preis/Angebots/Nachfrage-Werttheorie vertreten (Alfred Marshall). Alle Märkte besitzen im Prinzip eine ähnliche Systemlogik und – unter Einschluss des Arbeitsmarktes – keine bereichsspezifischen Eigenlogiken. Daher sind wirtschaftspolitische Musteraussagen unabhängig von raumzeitlichen Umständen möglich. Eine solche (implizite) Aussage lautet: Es gibt nur dann unfreiwillige Arbeitslosigkeit, wenn staatliche Eingriffe in den freien Preisbildungsprozess erfolgen oder andere Gründe für Preisrigiditäten vorliegen.

Es wird eine voluntaristische Sozialkontrakttheorie vorausgesetzt, die oft mit einer grundsätzlichen Skepsis (Arrow-Paradox) gegenüber demokratischen Entscheidungsprozessen einhergeht. Die systeminhärente Tendenz zur Stabilität durch Markträumung wird angenommen oder sie gilt als anzustrebende Lösung durch entsprechende Reformen, die Unsichtbare-Hand-Prozesse ermöglichen, was auch anhand verschiedener, in LB oft anzutreffender statischer und partialanalytischer Gleichgewichtskonzepte untersucht wird.

M5. Externe Eingriffe in den Marktprozess z.B. durch Regierungen stören im Prinzip das Marktsystem und reduzieren seine Effizienz (Bsp.: Nettowohlfahrtsverluste durch Steuerbelastungen). Hieraus folgt als Politikempfehlung entweder (a) eine Politik des Laissez Faire oder (b) begrenzter Interventionismus i.w.S. Falls wirtschaftspolitische Eingriffe für nötig erachtet werden, sind die zu lösenden Probleme klar definiert und strukturiert und die Maßnahmen und ihre Wirkungen lassen sich eindeutig beschreiben. Globale Kapitalmobilität, freie Wechselkurse und Freihandel führen modelllogisch in der Regel zu einer Win-win-Situation und automatischen Handelsgewinnen v.a. dank der Realisierung komparativer Kostenvorteile.

M6. Die vorherrschenden Modelle und Ansätze setzen im Unterschied zu einer irreversiblen, historischen eine logische Zeit voraus. Es wird hinsichtlich der Entwicklung der VWL als Wissenschaft von einem linearen Fortschrittsgedanken ausgegangen, die Geschichte des ökonomischen Denkens und der Theoriekorpus früherer Denkschulen ist für die Weiterentwicklung der ökonomischen Theorie daher nicht wichtig.

M7. Ungleichheit, Armut und (Markt-)Macht stehen nicht im Fokus der ökonomischen Analyse. Sie sind keine maßgeblichen oder vom Marktgeschehen unabhängige Einflussfaktoren. Ungleichheit wird z.b. (implizit) als Ausdruck ökonomischer Gesetzmäßigkeiten (Arbeitsangebotselastizität) gedeutet oder sie wird von politischen Eingriffen (z.b. Rent Seeking) beeinflusst. Die (Ausgangs-)Verteilung wird als gegeben vorausgesetzt. Sie ist unter rein theoretischer Perspektive nicht „wertneutral" beurteilbar und spielt (daher) nur eine sekundäre Rolle. Umverteilung steht in einem Zielkonflikt zur Markteffizienz.

M8. In einer arbeitsteiligen Wirtschaft dient Geld primär als Tauschmittel und Recheneinheit (die Funktion als Wertspeicher wird meist erwähnt, spielt dann aber oft nur eine untergeordnete Rolle). Grundsätzlich gilt die Neutralität des Geldes. Sie kann in der kurzen Frist eingeschränkt sein (M II). Der FIRE-Sektor (Finance, Insurance und Real Estate) spielt eine zweitrangige Rolle und wird nicht (oder kaum: M II) in den allgemeinen Theorierahmen integriert. Banken fungieren als Intermediäre.

M9. Die natürliche Umwelt, die Quelle aller Energie und Materie und das Auffangbecken aller Abfälle, ist kein komplementärer und letztbegrenzender Faktor allen Wirtschaftens. Umweltökonomische Fragen werden nur in hinteren Kapiteln der LB behandelt. Der Boden als dritter Produktionsfaktor spielt keine Rolle.

M10. Das idealtypisch konzipierte Wirtschaftssystem gilt als fortgeschrittene und einzig sinnvolle natürliche Ordnung. Bestehende realökonomische Institutionen (Privateigentum, Lohnarbeit, Geldschöpfung durch Privatbanken usw.) sind der nichthinterfragte, selbstverständliche Rahmen und nur innerhalb dieses Rahmens werden Politikalternativen in Betracht gezogen. Die meisten Ökonomen verstehen sich als unpolitische Experten. Sie beraten die Politik und unterbreiten ihr als Spezialisten vermeintlich rein sachorientierte, realistische und evidenzbasierte Vorschläge.

M11. Als methodologisches Vorbild gilt der *modeling approach*, den Solow als ‚loose fitting positivism' bezeichnete, d.h., ökonomische Forschung und Politikempfehlungen erfolgen vermittels formal-mathematischer (Ad-hoc-)Modelle (einschließlich der Spieltheorie), die möglichst empirisch (data mining), ökonometrisch oder experimentell zu testen sind. Ansätze, die diesem Vorgehen nicht folgen, gelten als „unwissenschaftlich". Unsicherheit gibt es in Formalmodellen zwangsläufig nicht, wohl aber stochastisches Risiko.

Es gilt die besonders von Samuelson und Lucas hervorgehobene Annahme der Ergodizität, nach der die (Vor-)Geschichte eines Systems nicht relevant ist (contra Wirtschaftsgeschichte), weil keine Pfadabhängigkeiten und keine Abhängigkeit von den Ausgangskonstellationen bestehen.

Primäre Hilfs- und Nachbarwissenschaft ist die Mathematik. Zur Vereinfachung und Handhabbarkeit werden oft starke Ceteris-Paribus-Annahmen (unter sonst gleichen Bedingungen) getroffen. Die Ökonomie gilt als abstraktes, dekomponierbares, geschlossenes, mechanisches System (Maschinenmetapher) mit fixen und über einen relevanten Zeitraum eindeutigen Funktionsbeziehungen („Gesetzen") zwischen den Variablen. Ereignisregularitäten ermöglichen Prognosen.

Zur Kontrastierung sollen zu den 11 Kernbausteinen des Mainstreams I und II auch 11 heterodoxe Kontrapunkte formuliert werden, von denen nicht behauptet wird, dass sie das heterodoxe Spektrum voll abdecken. Viele Vertreter heterodoxer Strömungen stimmen in mindestens einigen der folgenden Kontrapunkte überein, die spiegelbildlich zu den 11 Ausgangspunkten des Mainstreams angelegt sind:

H1. Die VWL beschäftigt sich umfassend mit sozialer Versorgung (social provisioning) einschließlich der Befriedigung basaler physischer Bedürfnisse für alle (inkl. Gesundheit, Basiseinkommen usw.). Die „Produktionsfunktion" hängt auch stark von immateriellen Quellen ab: Kreativität, Kultur, Bildung und Sozialvertrauen. Universal gültige ökonomische Prinzipien oder Heuristiken gibt es nicht.

H2. Bedürfnisse werden über kulturelle Normen, geographische und historische Umstände und institutionelle Faktoren sozial erzeugt und sind individuell oft lexikographisch geordnet. Knappheit hängt von der kulturellen Definition der Situation und des Lebenssinns sowie den vorherrschenden Institutionen ab. Es gilt der methodologische Holismus, d.h. ein Schwerpunkt liegt auf ökonomischen Strukturen mit emergenten Eigenschaften, die individuelles Verhalten formen. In der Heterodoxie gibt es verschiedene, sich oft ergänzende Menschenbilder.

Einige Ansätze sehen den Menschen anthropologisch als Homo Duplex mit einer sowohl utilitaristisch-selbstorientierten als auch einer moralisch-altruistischen Dimension (pro-soziale Normen). Diese Orientierungen können sich durchaus widersprechen, was eine einfache und eindeutige klassische Konditionierung über Anreize und die Berechen- und Vorhersagbarkeit der ökonomisch handelnden Akteure in Frage stellt.

Zweckrationales Handeln folgt primär einer prozedural-lokalen Rationalität unter zumeist konstitutivem Wissensmangel. Neben der vom Mainstream einzig eingefangenen instrumentell und strategisch (Spieltheorie, Neue Institutionenökonomie) ausgerichteten nutzenmaximierenden Rationalität lassen sich auch die sozioökonomische (starke Reziprozität), die postkeynesianische intuitive, die institutionalistische gruppenabhängige, die kommunikativ-verständigungsorientierte und die ökologisch-feministische bzw. (vor)sorgende Rationalität unterscheiden. Institutionen beeinflussen maßgeblich Wirtschaft und Gesellschaft.

H3. Neben dem materiellen Lebensstandard und den Konsumbedürfnissen gibt es auch nichtmaterielle Bedürfnisse, die in der Volkswirtschaftslehre ebenfalls als Zielwerte berücksichtigt werden müssen. Hierzu zählen: verantwortungsbewusste, partizipative Regierungsführung, ein soziales Sicherheitsnetz, Gesundheit für alle, kulturelle und ökologische Diversität und Resilienz, bezahlbare Bildung und der Abbau extremer Einkommens- und Vermögensungleichheit im nationalen, europäischen und internationalen Bereich.

H4. Ökonomische Systeme sind menschliche Schöpfungen. Märkte sind Institutionen, d.h. regelbasierte Artefakte, die auf juridisch-institutionellen Einbettungen beruhen. Sie sind im Falle von Marktwirtschaften intern dynamisch, evolutionär und ständigen Veränderungen unterworfen. Sie weisen nicht prinzipiell oder zwangsläufig Selbststabilisierungsmechanismen auf, sondern können durch kumulierende Instabilitäten, positive Rückkoppelungen, permanente Ungleichgewichte, chaotische Verläufe und Selbst-Degeneration (Spielregelmanipulationen, Vermachtung usw.) gekennzeichnet sein.

Von der Mikro- auf die Makroebene zu schließen kann zu gravierenden Fehlurteilen führen (wegen Fallacies of composition und saldenmechanischen Zusammenhängen). Märkte weisen oft bereichsspezifische Besonderheiten auf (Beispiel: Arbeitsmarkt). Es gibt keine interessenneutralen, erstbesten Marktinstitutionalisierungen und Regelsetzungen.

Der Staat wird häufig durch stratifikatorische Überlagerung (Ungleichheitstheorien) gekennzeichnet.

H5. Da Märkte stets Ausdruck eines meist öffentlich oder staatlich festgelegten Regelwerkes sind, ist die Annahme einer nichtregulierten, freien Laissez-Faire-Marktwirtschaft, in die die Makropolitik als Intervention von außen eingreift, ein Widerspruch in sich. Die demokratisch konstituierte öffentliche Hand definiert legitime und illegitime Handlungen und Institutionen des ökonomischen Systems.

Es hängt von den spezifischen räumlichen und zeitlichen Bedingungen ab, ob und welche „Interventions"-Maßnahmen für das Allgemeinwohl förderlich sind. Steuern sind ein notwendiger Bestandteil in einer gemischten Wirtschaftsordnung. Es gilt, einen ausgewogenen Ausgleich zwischen einer Kernsphäre (Haushalte, Familien, lokale Gemeinschaften, subsistenzökonomische Zusammenhänge), einer formalen Markt- und Businesssphäre, einer öffentlichen Sphäre und einem informellen Bereich (Tauschringe usw.) zu gestalten.

Die Wirtschaftspolitik beruht nicht auf quasi-technischen, erstbesten Lösungen, sondern auf dem vernünftigen Abwägen von Interessenkonflikten (cui bono?) unter Berücksichtigung von Meta-Externalitäten (Auswirkungen auf das Gesamtsystem, z.B. auf den sozialen Zusammenhalt oder globale öffentliche Güter). Fairer Handel ist eine zu gestaltende politökonomische Aufgabe, die internationale politische Institutionen auf Augenhöhe mit den globalen privaten Akteuren voraussetzt. Handelsgewinne können vorliegen, sie hängen aber von den konkreten Bedingungen ab. Auch globale Kapitalmobilität und freie Wechselkurse sind nicht unbedingt vorteilhaft (Minsky-Blasen, *Sudden Stops* usw.).

Es gibt ggf. gute Gründe für Schutzmaßnahmen („Protektionismus"): Listsche Erziehungszölle, unerwünschte Verteilungseffekte, ökologische Folgen, *race to the bottom* (Steuererosion und sozial-ökologisches Dumping) und das Unterlaufen demokratischer Governance auch durch starke multinationale Konzerne.

H6. Es gibt mehrere unterschiedliche, sich zum Teil widersprechende und trotzdem komplementäre Theorieansätze. Ökonomen stimmen häufig nicht in ihren Deutungen und Vorschlägen überein. Meinungsverschiedenheiten sind normal. Ökonomische Theorien können nur im Kontext ihres Entstehungszusammenhangs verstanden werden, da sie auch wesentlich durch theorieexterne wirtschaftspolitische Debatten, zeitgebundene weltanschauliche Ansichten und Interessenlagen beeinflusst werden.

Grundlegende wirtschaftstheoretische und wirtschaftspolitische Fragen stellen sich immer wieder neu und aus verschiedenen Blickwinkeln. Häufig greifen neuere Theoriestränge auf überholt geglaubte Ansätze zurück (sogenanntes *backtracking*). Die Geschichte des ökonomischen Denkens und wirtschaftsgeschichtliche Kenntnisse sollten auch deshalb wichtige Bestandteile der ökonomischen Lehre und Forschung sein.

H7. Ungleichheit und ungleiche Verteilung, Armut und Macht sind keine ökonomischen Gesetzmäßigkeiten geschuldeten Zwangsläufigkeiten. Die Einflussfaktoren Rasse, Geschlecht und soziale Gruppen- bzw. Klassenzugehörigkeit spielen eine eigenständige Rolle und können reale ökonomische Prozesse erheblich beeinflussen.

H8. Das Geld- und Finanzsystem ist kein quasi-physikalisches Phänomen mit natürlichen Eigenschaften, sondern eine soziale Konstruktion mit mannigfaltigen, interessen- und verteilungswirksamen Ausgestaltungsmöglichkeiten. Es besteht keine Neutralität des Geldes im engeren ökonomischen Sinne. Es gibt verschiedene, qualitativ nicht eindeutig priorisierbare geldtheoretische Ansätze, die auch unterschiedliche geldpolitische Zielfunktionen beinhalten können.

H9. In der heutigen Ära ökologischer Begrenzungen stellt die natürliche Umwelt – durch den Menschen verursacht – den wichtigsten Knappheitsfaktor dar, der in keiner ökonomischen Analyse unberücksichtigt bleiben darf und von vornherein und durchgängig einzubeziehen ist.

H10. Die Volkswirtschaftslehre ist keine wertfreie, sondern eine zwangsläufig wertebasierte Wissenschaft. Überzeugungen und Ideologien beeinflussen ihre Analysen und Folgerungen ungeachtet des vertretenen Imperativs der Wahrheitssuche. In der Sozial- und Wirtschaftsgeschichte der Menschheit gab es (und wird es wohl auch in Zukunft geben) sehr unterschiedliche Wirtschaftssysteme in Abhängigkeit von der Frage des Sinns der menschlichen Existenz. Wirtschaftssysteme wie das marktwirtschaftlich-kapitalistische können sehr unterschiedliche, hinsichtlich ihrer jeweiligen Institutionen komplementär verflochtene Wirtschaftsstile (man vergleiche Japan, die USA und Deutschland; siehe auch die *Varieties of Capitalism*-Debatte) und alternative Institutionen ausbilden (kooperative Unternehmen, Vollgeld usw.).

H11. Im Unterschied zu einem positivistischen wissenschaftstheoretischen Selbstverständnis hat nicht zuletzt die Popper/Kuhn/Lakatos/Feyerabend-Diskussion zu einem selbstkritischeren und komplexeren Verständnis dessen geführt, was man unter „Wissenschaft" versteht. Theorien und

Denkschulen haben nach Lakatos im Anschluss an Kuhn einen harten, „paradigmatischen" Kern, der immun gegen Falsifizierungen ist, um den sich ein flexibler Hilfshypothesengürtel gruppiert, dessen Tatsachenaussagen sich in der Regel – auch dank Immunisierungsstrategien – nicht einfach durch theorieunabhängige „Experimente" widerlegen lassen.

Daher stellt aus der kritischen Sicht der Heterodoxie der Mainstream ein einerseits geschlossenes Paradigma dar, das aber auch eine erstaunliche Flexibilität aufweist, da recht beliebige Politikempfehlungen dank veränderlicher Annahmen (z.B. Externalitäten, Marktunvollkommenheiten, Skalenerträge) möglich sind.

Im Unterschied zur Auffassung Poppers verläuft der Fortschritt der Wissenschaft nicht über die Eliminierung eindeutig falsifizierbarer Hypothesen und auch im Unterschied zu Kuhns monoparadigmatischer These zur Normalwissenschaft vielmehr über die Konkurrenz sich entwickelnder und teils überlappender Forschungsprogramme und Denkschulen. Diese lassen sich, wenn überhaupt, nur schwer oder gar nicht von einer neutralen Warte aus hinsichtlich Progressivität oder Degeneration beurteilen. Denkschulen stehen in einem komplexen substitutiven und/oder komplementären Verhältnis zueinander (siehe zu ihren weltanschaulichen Grundlagen, Basishypothesen usw. Harvey 2015, Kapitel 1).

Von einer pluralistischen Sichtweise aus sind Mathematik und Ökonometrie nicht mehr die natürlichen Nachbarwissenschaften und Validierungsmethoden. Als solche können z.B. ebenso Philosophie, Soziologie, Psychologie, Jurisprudenz, Politologie oder Anthropologie dienen. Auch ist die Modellierbarkeit ökonomischer Zusammenhänge und Abläufe als einzig legitimes wissenschaftliches Vorgehen in Frage zu stellen.

Qualitative Verfahren (Fallstudien, Interviews), Statistik ohne hochraffinierte Ökonometrie, narrativ-hermeneutische sowie normative Ansätze (Wirtschaftsethik), historische Methoden (z.B. Archivarbeit) und ideengeschichtliche Studien sind vollwertige Forschungsansätze. Zusammenfassend gibt es aufgrund der Komplexität des Wirtschaftslebens kein ökonomisches Basismodell, das die wesentlichen Erkenntnisse der Denkschulen enthält: Pluralismus ist unser Schicksal!

Kapitel 2
Olivier Blanchards und Gerhard Illings
Makroökonomie

Das im Folgenden mit BI abgekürzte Lehrbuch von Blanchard und Illing (2017, siehe auch das Übungsbuch von Hagen et al. 2018) erhebt den Anspruch, deutsche modelltheoretische Tiefe und komplexe Zusammenhänge mit angelsächsischer Lockerheit zu verbinden und einen kohärenten Ansatz der Makroökonomie mit engem Bezug zu aktuellen makroökonomischen Fragestellungen zu bieten. Die Neuauflage soll auch ein „fundamentales Umdenken" (BI, S. 18) angesichts der Finanzkrise signalisieren, vor deren Eintritt Blanchard (2000) Konvergenz und Leistungsfähigkeit der Makroökonomie und die Stabilität der Realökonomie (*great moderation*) sehr optimistisch einschätzte.

Beim Vergleich mit LB, bei denen Illing nicht beteiligt war, zeigt sich, dass das hier untersuchte LB hinsichtlich der Theoriebausteine völlig auf Blanchards Linie liegt; so ist z.B. auch die englische Version von Blanchard, Amighini und Giavazzi (Blanchard et al. 2017) praktisch identisch mit der hier diskutierten deutschen Ausgabe (2017). Insofern sind die in Deutschland vorherrschenden makroökonomischen LB (wie z.B. die von Mankiw) genauso wie auch die mikroökonomischen wesentlich amerikanisch geprägt, da Blanchard am MIT promovierte und lehrte. Im September 2008, wenige Tage vor dem Zusammenbruch von Lehman Brothers, avancierte er zum Chefökonom des IWF. In dieser Rolle befürwortete er z.B. nachdrücklich das „Konsolidierungsprogramm" der Troika für Griechenland (Blanchard 2012).

Das LB von Blanchard und Illing liegt bei Veranstaltungen wie „Einführung in die Makroökonomie/VWL" und „Makroökonomie I" an deutschen Universitäten sehr deutlich an der Spitze (Rebhan 2017, S. 93). Die hier untersuchte siebte Auflage überrascht positiv mit einer geringeren Seitenzahl als die sperrigeren Vorgängerversionen. Aber sie enthält jetzt einen Zugangscode für MyLab, was die Möglichkeit eröffnet, Studierende in Zukunft praktisch zum Kauf des LB zu zwingen und zukünftig die

Preise auf das Niveau in den USA anzuheben (zur Erklärung siehe Peukert 2018, S. 57-59).

In Kapitel 1 erfolgt eine ‚Reise um die Welt' vermittels makroökonomischer Daten zur Weckung des Interesses der Studierenden und als Überblick über typische makroökonomische Fragestellungen. Eine vorgängige Definition der „Makroökonomie" helfe nicht weiter (BI, S. 26). Meinungsstarke Regeln wie gleich zu Anfang des LB von Mankiw (Mankiw/Taylor 2016, Kapitel 1) fehlen. Stattdessen werden drei Datenblöcke zu Produktion und Wachstum, Arbeitslosigkeit und Inflation in den Mittelpunkt gestellt.

Hiermit wird allerdings eine indirekte Definition des Gegenstandsbereichs vorgenommen, da Daten zur Umwelt(qualität), zur Verteilung, zur Lebenserwartung und zu Bildungsstandards usw. wie z.B. bei Goodwin et al. (2014, Kapitel 0) und Dullien et al. (2018, Kapitel 0) nicht angeführt werden. Wie in anderen LB wird Wachstum nicht allgemein in Form einer exponentiellen Kurve veranschaulicht, was wohl die Fragwürdigkeit eines sich unbegrenzt fortsetzenden Exponentialprozesses vor Augen führen würde.

Bereits auf den ersten Seiten wird deutlich, welche Schulrichtungen bei Blanchard und Illing auch im weiteren Verlauf ausgeklammert werden: der Post-Keynesianismus, der Kritische (Alt-)Institutionalismus, die Sozioökonomie, die Regulationstheorie, die Historische Schule, der Neoricardianismus, die Ökologische Ökonomik, der Feminismus, der Ordoliberalismus und der Österreichische Ansatz. Von den beiden letztgenannten Denkschulen abgesehen, eint die ausgeklammerten Richtungen, dass sie nicht marktaffin sind, d.h., Allgemeinaussagen zur segensreichen unsichtbaren Hand des Marktes skeptisch gegenüberstehen.

Auch gibt es kaum Ausflüge in die an der Grenze des Mainstreams beheimatete Neue Institutionen- und Verhaltensökonomie, ausgespart werden zudem die Informations- und Komplexitätsökonomie und z.B. auch Walrasianische Ungleichgewichtsansätze. Diese Ausklammerungen führen z.B. zum Problem der Plausibilisierung der Bedeutung von Erwartungen als eigenständigem Einflussfaktor. Radikale Unsicherheit kommt nicht vor, da mechanische Modelle den Kern des LB bilden, so dass idiosynkratische Erwartungen und Überraschungen ausgeschlossen sind.

Das LB enthält sich einer konsequenten Mikrofundierung. Dies mag ein Vorteil sein und *fallacies of composition* verhindern, andererseits beruhen viele Ergebnisse neuerer Theorieansätze, die im LB in die mittlere und lange Frist eingebaut sind, auf mikroökonomischen Annahmen, ohne die die erzielten Ergebnisse und Folgerungen recht beliebig wirken (aus Raumgründen kann dies hier nicht im Einzelnen nachgewiesen werden). Da auch wenige Aussagen über die realökonomischen konkurrenzwirtschaftlichen Strukturen im LB zu finden sind, kann das Gefühl aufkommen, man befinde sich in hängenden Gärten.

Nach Meinung der Verfasser gebe es – trotz der Außenansicht sich befehdender Vertreter des Monetarismus, der neuklassischen Makroökonomie, der Angebotsökonomie usw. – einen harten Kern der modernen Makroökonomie (BI, S. 75). Der Epilog vertieft diese Ansicht in Kapitel 24. Auf durchaus elegant geschriebenen 12 Seiten wird die Entwicklung der Makroökonomie seit Keynes nachgezeichnet und als beweglicher Entwicklungsprozess in Reaktion auf theorieexterne wirtschaftshistorische Ereignisse (z.B. Stagflation) und theorieinterne Entdeckungen und Kritiken innerhalb und zwischen verschiedenen Denkschulen und immer wieder erfolgender, Schulen übergreifender Synthesen konzipiert, was als Erkenntnisfortschritt der Disziplin angesehen wird.

Die, wie sich noch zeigen wird, problematischen Bewertungen der Autoren sind eindeutig: Das IS-LM-Modell bilde ein gutes Fundament und die Debatte Keynesianer vs. Monetaristen habe gezeigt, dass nicht, wie Keynes meint, primär die Fiskal-, sondern auch die Geldpolitik eindeutig Wirkungen zeitige und oft vorzuziehen sei, worüber die Profession einen zwischenzeitlichen Konsens erreicht habe.

Hinsichtlich der Phillips-Kurve hätten Friedman und Phelps recht behalten (BI, S. 723). Die Kritik der rationalen Erwartungen (u.a. die Lucas-Kritik) wird als Fortschritt und Ergebnis „sorgfältiger Überprüfung" gewertet, „keynesianische Modelle [waren] nicht länger für wirtschaftspolitische Empfehlungen brauchbar […] und die Theorie der [gemeinwohlorientierten] Politik musste mit Hilfe spieltheoretischer Werkzeuge neu geschrieben werden" (BI, S. 726). Auf diesem aktuellen Erkenntnisstand will das LB aufbauen, was Ergänzungen der Neuklassik, des Neokeynesianismus und der Neuen Wachstumstheorie einschließt.

Der Versuch, eine aktuelle, neue Theoriesynthese anstelle der Hervorhebung unterschiedlicher, pluraler, sich durchaus widersprechender Ansichten vorzuführen, dürfte die Studierenden verwirren. Am Beispiel der Phillips-Kurve: Zunächst besteht ein Trade-off zwischen Inflation und Arbeitslosigkeit, dann wird mit Friedman für die lange Frist eine vertikale Phillips-Kurve angenommen. Als Nächstes lesen die Studierenden, der

Monetarismus nähme an, monetäre Impulse könnten nie den Wachstumspfad stören. Gemäß Neuklassik gilt die vertikale Phillips-Kurve bei rationalen Erwartungen dann doch auch in der kurzen Frist, durch Überraschungseffekte gelte in der kurzen Frist aber trotzdem die nichtvertikale Version.

Die Neukeynesianer meinen wiederum unter Rekurs auf von ihnen durchaus für sinnvoll erachtete Preisrigiditäten, dass die nichtvertikale Phillips-Kurve in der kurzen Frist auch ohne Überraschungseffekte gelte, was schließlich alles wieder durch allerlei Erwartungseffekte modifiziert werden könne, und die ebenfalls im LB präsentierte Angebotsökonomie staatliche Nachfragestimulierung sowieso für den grundsätzlich falschen Weg halte.

Auch der Real-Business-Cycle-Ansatz (RBC), so die LB-Verfasser, sei zwar einseitig, aber dennoch nützlich, da er darauf aufmerksam mache, „dass nicht alle Schwankungen als Abweichungen der Produktion von ihrem Gleichgewicht zu verstehen sind" (BI, S. 728). Aktuelle DSGE-Modelle (zu ihren Grundlagen und Implikationen in der praktischen Anwendung durch Zentralbanken siehe Arestis/Sawyer 2002) zeugen von der neuen Synthese zwischen RBC und neukeynesianischen Ansätzen (zur ambivalenten bis ablehnenden Haltung gegenüber dem Neukeynesianismus von postkeynesianischer Seite siehe Hein et al. (Hrsg.) 2003).

Blanchard (2018) bekennt sich auch nach der Finanzkrise weiterhin zu diesen Modellen. Neben dem akzeptierten Kern des Walrasianischen intertemporalen Gleichgewichts mahnt er nur gewisse Ergänzungen an. Da die präzise Vermittlung dieses Ansatzes für ein Einführungs-LB wohl für zu kompliziert gehalten wird, muten viele auch wirtschaftspolitische Konklusionen recht ad hoc an.

Auf jeden Fall versteht sich das LB als Ausdruck dieses beweglichen, sich ergänzenden und in LB momentan gängigen (und amerikanisch geprägten) Mainstreams, der sich als *New Consensus Macroeconomics* zusammenfassen lässt. Neben ihm gibt es laut der Darstellung der Verfasser keine relevanten abweichenden Denkschulen (zur Mitverantwortung dieses neuen Konsens an der Finanzkrise siehe die Beiträge in Brancaccio/Fontana (Hrsg.) 2011).

Es deutete sich schon an, dass diese neue Synthese eine eklektische, bunte Mischung von Ansätzen ist, die hinsichtlich ihrer Annahmen und wirtschaftspolitischen Folgerungen oft nicht kompatibel sind, aber dank der entschärfenden Anordnung auf einer Zeitachse irritierend als Weiter-

Kapitel 2: Blanchards und Illings *Makroökonomie* 29

entwicklungen präsentiert werden (Nadler 1996, der neben der Herausarbeitung dieses Sachverhalts auch eine didaktisch ansprechende, mikroökonomisch fundierte, sachlogisch aufeinander aufbauende und dennoch plurale Makroökonomie vorstellt).

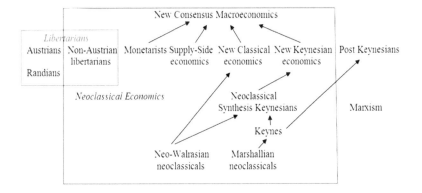

Quelle: Ruccio 2018, S. 5.

Brancaccio und Saraceno bieten einen hervorragenden Überblick über Blanchards Verankerung im Mainstream trotz einiger Wandlungen und Widersprüche. Sie rechnen ihn der imperfektionistischen Neoklassik zu. „According to this line of research, while in the best of all possible worlds the spontaneous movement of market prices would bring the economy towards a neoclassical competitive general equilibrium, actual markets are inhibited from fulfilling this task by the presence of ‚frictions', ‚rigidities', ‚asymmetric information' or ‚incorrect expectations' concerning future movements of prices" (Brancaccio/Saraceno 2017, S. 356).

Das LB ist bar jeglicher wissenschaftstheoretischer Fundierung, abgesehen von der impliziten Annahme eines objektiv-neutralen Positivismus (Cohn 2007, Kapitel 1 und Aslanbeigui/Naples 1996). So bleibt unberücksichtigt, dass Neuklassiker wie Lucas ein völlig anderes epistemologisches Verständnis von Modellen als bewusst ‚imaginären Konstruktionen' haben als vorherige und spätere Denkschulen (Vroey 2016, Kapitel 10; zu weiteren, auch methodischen Unterschieden zu Keynes siehe v.a. das Schaubild dort auf S. 187). An die Autoren des LB ist die Frage zu stellen, ob sie nicht auf diese unterschiedlichen epistemologischen Ansichten hinweisen müssten und ob sie diese nicht bei ihren häufigen wirtschaftspolitischen (Kurz-)Schlüssen im Sinne einer „fallacy of misplaced concreteness" unzulässigerweise außer Acht lassen: „A standard DSGE macroeconomist produces models and has little to say about real-world policy issues, except voicing general principles. For her, being mute on concrete issues is more honest than expressing her prejudices [... Lucas'] view is that equilibrium ought to be understood as a characteristic of the way in which economists look at reality rather than as a characteristic of reality" (Vroey 2016, S. 306 und 185 mit Zitatbelegen).

In Kapitel 1 des LB von Blanchard und Illing dominiert die Frage: „Wird die Wirtschaft [nach der Finanzkrise] wieder auf den alten Pfad zurückkehren?" (BI, S. 28). Die Wachstumsraten Chinas werden angeführt und mangelnde Eigentumsrechte und Korruption bemängelt, aber z.B. kein sozialer Ausgleich angemahnt (BI, S. 30). Es ist dem LB hoch anzurechnen, dass es mit vielen Daten, Ereignissen und Fakten auf jeweils aktuellem Stand und meist unter Angabe der Quellen aufwartet. Auch wird gleich zu Beginn auf die große Finanzkrise seit 2007 und deutlich zusammenhängender als bei Mankiw auf sie auslösende Wirkungsketten hingewiesen und sehr zentral die europäische Entwicklung einbezogen. Einige Absätze thematisieren sogar die Frage, ob es in der Eurokrise richtig war, Ausgabensenkungen und steigende Steuern v.a. in den südeuropäischen Ländern zum Defizitabbau einzusetzen, da hierdurch weitere Nachfragerückgänge erfolgten und ein Teufelskreis bzw. eine Abwärtsspirale entstand – ein Argument, das auf Seite 40 unten dann allerdings mithilfe positiver Erwartungen wieder weitgehend zurückgenommen wird.

Als motivierender, lebhafter Einstieg sind sicher auch die makroökonomischen Herausforderungen gut gewählt (BI, S. 34-42). Anzuerkennen ist der Hinweis auf unterschiedliche Meinungen zu Sinn, Zweck und Wirksamkeit z.B. von fiskalpolitischen Maßnahmen in Reaktion auf die Finanzkrise, wodurch eine gewisse plural-diskursive Perspektive aufscheint. Auch die Schwierigkeiten einer einheitlichen Geldpolitik im Euroraum und einer eventuell notwendigen koordinierten Fiskalpolitik werden angesprochen. Angesichts der Grenzen konventioneller Zinspolitik (Nullzinsgrenze) ging nicht nur die EZB zu unkonventionellen Maßnahmen über (BI, S. 34). Es ist anzumerken, dass das LB in wirtschaftspolitischer Hinsicht die Entscheidungen, die die Politik und v.a. die Notenbanken getroffen haben (siehe auch BI, S. 134 und 188-189), ohne Einschränkungen und ohne Anzeigen denkbarer, aber unterlassener Maßnahmen befürwortet.

Der Text enthält v.a. in den Kapiteln 4, 6 und 23 die Kernaussage, dass die EZB am Ende ihres möglichen geldpolitischen Lateins gewesen sei und daher nur die vorgenommenen unkonventionellen Maßnahmen durchführen konnte. Es wird nicht erwähnt, dass in einigen Fällen (z.b. Griechenland und Zypern) Kapitalverkehrskontrollen die massive Kapitalflucht v.a. der Oberschicht hätten aufhalten können, dass über Helikoptergeld (Geldgeschenke an alle Bürger zur Hebung des Konsums anstelle von Quantitative Easing, kurz QE) durchaus und womöglich ohne Verletzung des Vertrages über die Arbeitsweise der europäischen Union (AEUV) die Gesamtnachfrage hätte gestärkt werden können und durch Ankauf eines erheblichen Anteils der über 60 Prozent des BIP liegenden Staatsanleihen durch die EZB in Windeseile eine Entschuldung möglich gewesen wäre (*zero coupon perpetual bonds*). Solche diskutierten Maßnahmen bleiben im LB unerwähnt (Peukert 2017, u.a. mit der Diskussion zur Verhinderung des dann zu erwartenden *moral hazard* z.B. durch eine strikte Staateninsolvenzverordnung).

Auch die Möglichkeit einer Direktfinanzierung der Staaten durch die Notenbank ohne Rückzahlungsverpflichtung, wie es die *Modern Money Theory* vorschlägt (Wray 2015 und auf Europa bezogen Ehnts 2016), der gemäß es eigentlich keine Budgetrestriktion des Staates gibt, bleibt unerwähnt. Dabei weisen die ausgelassenen Möglichkeiten auf die Tatsache hin, dass basale institutionelle Regelungen – hier des Euroraumes – auch anders ausfallen könnten und nicht, wie implizit im LB vorausgesetzt, selbstverständlich und alternativlos sind. Das Finanzierungsverbot der Staaten durch die EZB und ihre Rolle als *lender of last resort*, die sie dann über Umwege (OMT, QE, Vollzuteilung, Null- und Negativzinspolitik usw.) doch einnahm, deutet die Gestaltungsspielräume an, die auch im Text mit positivem Unterton zur Sprache kommen. Die Ausführungen des LB halten sich aber strikt an den Rahmen der tatsächlich erfolgten Maßnahmen, sie orientieren sich nicht am reichhaltigen Set der diskutierten denkbaren Alternativen. Nur die Überwindung der Nullzinsschranke wird in Erwägung gezogen.

Bei der Frage, was die Gründe für die hohe Arbeitslosigkeit im Euroraum sind (BI, S. 39-41), wird zwar plural auf Meinungsverschiedenheiten hingewiesen, letztendlich werden aber doch klar die Rigiditäten auf vielen europäischen Arbeitsmärkten verantwortlich gemacht und nicht z.B. die von der Troika erzwungenen staatlichen Ausgabenkürzungen, die angesichts der auch vom IWF deutlich unterschätzten negativen Fiskalmultiplikatoren voll durchschlugen (siehe die diesbezügliche Selbstkritik bei Blanchard/Leigh 2013). Auch die Konstruktion der EZB, bei der diese nicht als *lender of last resort* vorgesehen war, könnte als in der Krise maßgeblicher Instabilitätsfaktor mit entsprechenden negativen Auswirkungen auf die europäischen Arbeitsmärkte hervorgehoben werden.

Aber die Autoren betonen auch im weiteren Verlauf, dass das „hohe Niveau der Arbeitslosenunterstützung, hohe Mindestlöhne und ein zu stark ausgeprägter Arbeitnehmerschutz" dazu führen, dass „für Arbeitslose kaum Anreize bestehen, sich einen neuen Arbeitsplatz zu suchen" (BI, S. 40), was ein sehr verbreitetes Phänomen sei und von ihnen auch als Eurosklerose bezeichnet wird. Diese Situationsbeschreibung karikiert eigentlich in unverschämter Weise die Lage vieler arbeitswilliger Menschen in den Krisenländern, da es mangels Nachfrage (Koo 2015) selbst trotz 50-prozentiger Lohnkürzungen und weitgehender Schleifung der Abreitnehmerrechte häufig keine Arbeitsplätze gab und gibt. Die Hartz-Reformen werden auf dieser Linie mit den Worten kommentiert: „In den letzten Jahren haben diese Maßnahmen in Deutschland erfolgreich dazu beigetragen, die Arbeitslosenquote zu senken" (BI, S. 40).

Hier wird ein weiteres Kennzeichen des LB deutlich: Die Autoren vertreten hinsichtlich der Arbeitsmärkte von vornherein und ohne jegliche theoretische Einbettung einen rein angebotsorientierten Ansatz, ohne die Einwände von Keynes und die anschließenden Diskussionen einzufangen. Steigende Ungleichheit wird trotz Erwähnung der sinkenden Reallöhne in den USA im letzten Jahrzehnt nur dann als eventuelles Problem gesehen, wenn ein Rückgang des Produktivitätswachstums erfolge, aber, so Blanchard und Illing, „(k)ostspielige Verteilungskämpfe könnten die Wachstumskräfte dagegen auch langfristig hemmen" (BI, S. 42). Eingebettet in Daten und alle möglichen Herausforderungen breiten die Autoren an solchen Stellen auch recht unverblümt ihre eigenen Meinungen aus, die als Ergebnis der bisher noch überhaupt nicht angerissenen theoretischen Volkswirtschaftslehre ausgegeben werden.

Bei Angaben im Anhang zur Frage, wo man Daten findet, werden zwar u.a. Studien der OECD und die „Ökonomenstimme" sowie der Blog der Financial Times aufgeführt, nicht jedoch z.B. Veröffentlichungen der Böckler-Stiftung, des IMK oder der Blog „Makronom". Das Weltbild und geistige Koordinatensystem des LB tritt somit bereits im ersten Kapitel deutlich hervor.

Kapitel 2 wendet sich dem BIP und seiner Berechnung zu. Es gilt den Autoren als äußerst leistungsfähiges und verlässliches Maß für die Produktionsmessung, eigne sich aber nur bedingt zur Ermittlung des Wohlbefindens, was dann gegen Ende des Kapitels doch wieder eingeschränkt wird, denn es liefere doch wichtige Anhaltspunkte für die Lebensqualität (BI, S. 57-58). Die Verfasser sprechen nicht die Glücksforschung an, sondern erwähnen die geringeren Arbeitszeiten in Europa und führen dies – gut neuklassisch – auf freiwillige individuelle Entscheidungen und nicht auf institutionelle Regelungen zurück (Urlaubsgesetze usw.). Sie folgen hiermit dem neuen mikro- und makroökonomischen Konsensus. Ein beträchtlicher Teil sei in Europa allerdings unfreiwillig arbeitslos, „insofern spiegelt das niedrigere BIP pro Kopf nur die Ineffizienz eines überregulierten Arbeitsmarktes wider" (BI, S. 57)! Diese Aussage wird weder mit Fachliteratur noch mit institutionellen Fakten untermauert.

Solche Meinungsbekundungen werden zwischen Ausführungen zu nominalem und realem BIP, der Berechnung der Inflationsrate usw. eingeflochten. Bei der Beurteilung der Frage, ob moderate Inflation oder Deflation gut oder schlecht sei, wird selbst eine niedrige Deflation negativ beurteilt (geringer Spielraum der Geldpolitik) und einer „stabilen Inflation", womöglich zwischen 1-4 Prozent, das Wort geredet (BI, S. 66). Die Begründung erfolge später (BI, S. 183 und 292-293). Eventuelle Vorteile einer Deflation oder historische Berechnungen zum Zusammenhang von Deflation, Inflation und Wachstum, z.B. anhand der Keynesschen Bananenparabel, finden sich im gesamten LB nicht, von kursorischen Bemerkungen einmal abgesehen (BI, S. 183, 264 und 274). Arbeitslosigkeit sinke gemäß dem Okunschen Gesetz bei hohem Wirtschaftswachstum und die Inflation steige – wenngleich weniger eindeutig – bei niedriger Arbeitslosigkeit.

Hohes Wachstum ist demnach wichtig, aber eine zu niedrige Arbeitslosigkeit ist nicht wirklich wünschenswert, denn „(i)st niedrige Arbeitslosigkeit überhaupt vereinbar mit niedriger und stabiler Inflation?" (BI, S. 71). Die Leitfrage könnte natürlich auch lauten: Wie ist Vollbeschäftigung zu gewährleisten, ohne Inflation hervorzurufen? Gemäß eines Keynesianischen *functional finance*-Ansatzes könnte dies z.B. durch dämpfende staatliche Maßnahmen erfolgen (z.B. über höhere Besteuerung von Unternehmen oder Branchen, in denen es zu überdurchschnittlichen Lohnerhöhungen kommt, siehe klassisch Lerner 1978/[1]1951). Eine andere Variante könnte in der Schaffung eines öffentlichen Arbeitsangebotssektors zum (anzuhebenden) Mindestlohn bestehen, der allen Arbeitslosen eine Beschäftigungsgarantie bietet, ohne dass dies zu Inflation führen müsste, da dieses Auffangbecken für Arbeitslose nur den Mindestlohn vorsieht.

Aus der Perspektive möglicher Alternativen stellen die Ansätze zur NAIRU und natürlichen Arbeitslosigkeit eine auch von marktliberal-konservativen Ideologen und Wohlhabenderen unterstützte Politstrategie dar, um die Politik von der Verantwortlichkeit für Vollbeschäftigung zu befreien, wobei die Stagflation der 1970er Jahre als der schon länger angestrebte Einsatzpunkt zur Schubumkehr diente (siehe die sehr gelungene, vertiefende Beschreibung und ökonomische Analyse der Arbeitsbeschaffung durch den öffentlichen Sektor bei Mitchell/Muysken 2008, die auch aus einem kritischen Blickwinkel die Diskussionen zur NAIRU und natürlichen Arbeitslosigkeit rekapitulieren).

Wie in vielen anderen LB wird das Ziel, die Inflationsrate nahe bei zwei Prozent zu halten, auch bei Blanchard und Illing als selbstverständlich angesehen. Es wird nicht gefragt, warum es nicht ein ebenso klar formuliertes Ziel einer nahe bei zwei Prozent liegenden Arbeitslosenquote gibt, immerhin war dies das oberste Ziel der Wirtschaftspolitik bis in die 1970er Jahre, bis die Erinnerungen an die Folgen der Großen Depression und die als Konsequenz aus ihr entwickelten Leitbilder gemischter oder sozialer Marktwirtschaften verblassten und seit 1989 die Systemkonkurrenz zum real existierenden Sozialismus entfallen ist.

In den dann und heute vorherrschenden LB dient Arbeitslosigkeit nicht als Achillesferse der Marktwirtschaft, sondern als Mittel zur Erreichung von Preisstabilität. Ein Recht auf Arbeit als bürgerlich-ziviles Grundrecht ist nicht vorgesehen. Die mit Arbeitslosigkeit verbundenen Verluste an „Humankapital", psychische Belastungen, Auswirkungen auf das Familienleben und den sozialen Zusammenhalt, die Zunahme an Kriminalität, die steigende Ausgrenzung weniger leistungsstarker Menschen, medizinische Folgekosten usw. werden weitgehend ausgeblendet.

Im Folgenden ist das Buch in drei Teile hinsichtlich der kurzen, mittleren und langen Frist gegliedert. Bei der kurzen Frist (einige Jahre) geht es um Veränderungen der Produktion in Reaktion auf Änderungen der Güternachfrage, die z.B. von unterschiedlichen Zinsen und Steuersätzen abhängt. Bei der mittleren Frist (eine Dekade) komme es auf die Angebotsseite an: Wie viel kann die Wirtschaft überhaupt produzieren, abhängig u.a. vom technischen Wissen, vom Kapitalbestand usw.?

Bei der langen Frist („über mehr als 50 Jahre hinweg", BI, S. 74) geht es um das Bildungssystem, die Innovationsfähigkeit, Sparquoten usw. Vor allem die Abgrenzung der mittleren und der langen Frist wirken nicht überzeugend, warum wird etwa das Bildungssystem oder die Sparquote nicht der mittleren Frist zugerechnet? Die lange Frist dient wohl dazu, dass sich bei ihr die unterstellten, natürlichen Tendenzen der selbstregulierenden Märkte durchsetzen (können).

Es ist kein Geheimnis, dass die Einteilung in verschieden lange Fristen grundsätzliche Probleme mit sich bringt. Langfristiges „equilibrium captures one aspect of time, namely duration – it takes time for the effects of decisions to be realized. Unfortunately, it cannot come to grips with another of its dimensions, namely that the passage of time is accompanied by incessant irreversible changes, large or small […] (T)hey face an impossible dilemma as they need to find a compromise between two opposite criteria: on the one hand, the period of analysis must be long enough to allow adjustment processes to take place, on the other hand, the longer it is, the more contrived the assumption that only reversible shocks can be considered […] A last problem is that the speed of the adjustment process is a ‚free parameter'; assigning a value to it is a decision left to the economist. If the latter is eager to argue that the economy evolves in disequilibrium, she just has to assign the speed of adjustment a low value, the opposite being true if she likes the idea of a quick return to equilibrium" (Vroey 2016, S. 183). So ist einer gewissen Beliebigkeit Tor und Tür geöffnet, was aber dem Bedürfnis entgegenkommt, eine Konvergenz zwischen verschiedenen Denkschulen zu unterstellen.

Kapitel 3 stellt auf bekannte Weise das 45-Grad-Diagramm vor (das im hier ausgeklammerten Kapitel 15 durch Einbezug der Erwartungen seiner mechanischen Hydraulik entkleidet und realistischer werden soll). Es wird auf die Grenzen der Nachfragestimulierung hingewiesen: Sickerverluste durch Importe, Verzögerungen bei der Umsetzung staatlicher Projekte, die Rolle der später vertieften Erwartungen und potentielle Inflationsgefahren kommen zur Sprache.

Auch das Sparparadoxon (BI, S. 104) und Anpassungsverzögerungen werden erwähnt. Die Darstellung bei Dullien et al. (2018, Kapitel 9) ist hinsichtlich der Zu- und Abflüsse allerdings deutlich verständlicher, zudem werden bei Blanchard und Illing die notwendigen Annahmen nicht spezifiziert (fixes Preis- und Zinsniveau, Nichteinbezug des Arbeitsmarktes, über den implizit dennoch notwendige Annahmen getroffen werden usw.). Auch geht in dieser schematischen Darstellung die zentrale Botschaft von Keynes, nämlich die Existenz labiler, störungsanfälliger und wirtschaftspolitisch nicht tolerabler Gleichgewichte unterhalb der Vollbeschäftigung verloren (Spahn 2016, Kapitel 2, insbesondere die Seiten 66-67; Spahn zeigt, wie es zu Unterbeschäftigung trotz Lohnflexibilität kommen kann).

Ebenfalls fehlt ein Bezug auf die zwei Eingangskapitel, in denen die beim 45-Grad-Diagramm unerhebliche Zentralbankpolitik und der („eurosklerotische") Arbeitsmarkt eine herausragende Rolle spielten. Cohn (2007, Kapitel 9) stellt eine fundierte, ergänzende, heterodoxe Sicht des Diagramms mit den Aspekten Unsicherheit, institutionelle Kontexte, sozialbestimmte Konsumquoten (Duesenberry), Rolle der Verteilung, des Sparens auch des Unternehmenssektors, Bedeutung der Sozialsysteme sowie saldenmechanische Überlegungen vor.

Kapitel 4, etwas großspurig als „Finanzmärkte I" überschrieben, thematisiert das Geldangebot und die Geldnachfrage. Das Kapitel stellt einen unübersichtlichen Torso dar, der für Studierende völlig unverständlich bleiben muss. Dies liegt daran, dass man noch in der 6. Auflage (2014, Kapitel 4 und nach wie vor in der englischsprachigen Version, siehe Blanchard et al. 2017, Kapitel 4) eine hinsichtlich der Kausalitätsrichtung falsche Darstellung der Geldschöpfung über den Geldschöpfungsmultiplikator bot, die selbst von den Notenbanken nicht mehr geteilt wird (Deutsche Bundesbank 2017, für die Bank of England siehe McLeary et al. 2014). Ihre frühere Darlegung ignorierte die Geldschöpfung aus dem Nichts durch die Geschäftsbanken (siehe umfassend Huber 2017), jetzt wird sie an einigen Stellen anerkannt, wie man hört auch in Reaktion auf Kritiken ihres LB auf einem Workshop (BI, S. 125).

Leider werden ihre früheren, regelrecht falschen Ausführungen neben eingeflickten Ergänzungen weitgehend beibehalten und man gewinnt den Eindruck, dass die Autoren den zweigliedrigen Geldkreislauf selbst nicht recht verstanden haben, da sie z.B. ausführen: „Wir erklärten, dass Banken (Spar-)Einlagen annehmen, um damit Kredite zu vergeben" (BI, S. 185; mit Bezug auf dieses LB stellt Ehnts (2018) die Zusammenhänge gut verständlich richtig). Ein Grund, warum die Autoren sich anscheinend nur schwer vom Bild der Banken als Intermediäre, die Spargelder hereinnehmen und dann ausschenken, verabschieden können, mag darin liegen, dass die Kreditgeldschöpfung der Banken die in allen Varianten des *New Macroeconomic Consensus* absolut zentrale Theoriefigur der optimierenden Haushalte hinsichtlich Arbeit, Konsum und Sparen in Frage stellt, da immer voneinander unabhängige Angebote und Nachfragen angenommen werden, die zu einem Gleichgewicht führen, es aber im Finanzbereich kein von der (Kredit)Nachfrage unabhängiges Geldangebot gibt und der Zinssatz für Privatkredite kein Gleichgewicht im üblichen Sinne ausdrückt, da eine Mengenrationierung durch die Banken (Bonitätsanforderungen zur Vermeidung von *adverse selection*) vorliegt und nicht jeder Kredit zum vorherrschenden Zins bekommt.

Kapitel 5 geht auf einen wiederum zu den vorherigen Kapiteln unabhängigen, neuen makroökonomischen Kernbestandteil ein, das IS-LM-Modell über, das laut den Autoren immer noch ein zentraler Theoriebaustein in der Volkswirtschaftslehre ist. Auf die jahrzehntelange Diskussion des Schemas hinsichtlich Verhaltensannahmen und Konsistenz, die sich nicht wie im LB als linearer, im wirtschaftspolitisch und wirtschaftshistorisch neutralen Raum erfolgender Theoriefortschritt darstellen lässt (und die hier nicht im Einzelnen nachvollzogen werden kann), wird im LB nicht eingegangen (zu den verschiedenen Varianten siehe Darity/Young 1995; Barens/Caspari (Hrsg.) 1994; Vroey/Hoover (Hrsg.) 2004; Young/Zilberfarb (Hrsg.) 2000; Dorman 2014, S. 311-321 und Vroey 2016, Kapitel 2, zur mikroökonomischen Fundierung und mit rationalen Erwartungen siehe King 2000).

So lernen die Studierenden diese kontroversen Debatten nicht kennen, ebenso wenig die Voraussetzungen des Modells (ein fixes Preisniveau usw.) und die sich anschließende Frage, ob man von einem klassischen Bereich bei einer vertikalen LM-Kurve sprechen kann. Auch entgehen den Studierenden die unterschiedlichen Annahmen zum *short-run* und die Frage, ob es sich jeweils um reale oder nominale Größen handelt und ob ein fixer Kapitalstock vorausgesetzt wird. Auch wird nicht gefragt, was passieren würde, wenn unvollkommene Informationen und z.B. naheliegende Überlegungen zu in historischer Zeit erfolgenden Anpassungspfaden angenommen werden.

Dass das Schema im LB überhaupt behandelt wird, ist angesichts seines didaktischen Wertes und der Möglichkeit, trotz seines mechanisch-hydraulischen Charakters (daher John Robinsons Bezeichnung als Bastardkeynesianismus) aktuelle wirtschaftspolitische Diskussionen und wohl auch tatsächliche ökonomische Zusammenhänge darstellen zu können, allerdings zu begrüßen. Immerhin lag es als Gedankenfolie den durchgeführten geld- und fiskalpolitischen Maßnahmen nach der Finanzkrise zugrunde. Laut Krugman (2018) hat es sich im Gegensatz zu komplizierten DSGE-Modellen hierbei bewährt.

Leider wird die Chance vertan, die Hintergründe und Interdependenzen verschiedener explizit und implizit behandelter Märkte zu erläutern. Hinsichtlich des Arbeitsmarktes ergibt sich die Frage, ob eine kurzfristige Bewegungsmöglichkeit entlang der IS-Kurve neben unterausgelasteten Produktionsanlagen nicht auch eine entsprechende Arbeitslosigkeit voraussetzt, deren unterschiedliche Höhe sich nicht auf die Reallöhne auszuwirken scheint, und ob dies nicht mit den w.u. getroffenen Annahmen bei der Phillips-Kurve (u.a. recht linear ansteigende Löhne) konfligiert.

Das Modell würde sich auch als kleine Übung für eine quasi-walrasianische Totalanalyse, die auch ansonsten im LB völlig fehlt (siehe Heine/Herr 2013, S. 510-523 und Mitchell 2013 mit verständlichen Einführungen in das IS-LM-Modell, die diese Aspekte aufgreifen). Man könnte neben dem Herausarbeiten der Modellannahmen die Vorteile und Grenzen von Modellen und die Auswirkungen von Verhaltensannahmen anderer Denkschulen anhand dieses Modells diskutieren und alternative Kurvenverläufe in Abhängigkeit von institutionellen, konjunkturellen u.a. Rahmenbedingungen entwickeln.

Auch ein Vergleich des Modells mit Keynes' ursprünglicher Absicht, unfreiwillige Arbeitslosigkeit als systemisches Marktversagen und systematischen Fehler intertemporaler Koordination nachzuweisen, entfällt (zur ähnlich fragwürdigen Thematisierung der Arbeitslosigkeit in anderen LB siehe auch Naples/Aslanbeigui 1996 und Cherry 1996). Gerade die möglichen Instabilitäten im Zuge der dynamischen Systemanpassungsprozesse, die auch ohne Lohnrigiditäten denkbar sind, können in ihrer rein statischen Beschreibung nicht behandelt werden.

Kann das Modell tatsächlich nur externe Schocks oder Eingriffe thematisieren, die zufällig, reversibel und unvorhersehbar sind und insofern Keynes' Intention zuwiderlaufen? Die Begründung der Kurvenverläufe ist zumindest äußerst rudimentär: Die IS-Kurve fällt, weil bei teureren Kreditzinsen die Investitionen sinken, was natürlich von einigen Annahmen abhängt, z.B., dass die höheren Kreditkosten nicht in die Verkaufspreise eingehen können.

Die Frage wird nicht erörtert, warum hier entgegen Keynes' Überlegungen dem Zinssatz (welcher eigentlich genau?) eine solch bedeutende

Rolle bei der Herstellung eines Gleichgewichts zukommt (zumal die IS-Kurve später unter Einbezug der Erwartungen sehr zinsunelastisch wird, siehe BI, S. 484). Die Annahmen eines fixen Preisniveaus und einer zumindest gewissen Arbeitslosigkeit bei einigen Streckenabschnitten, bei denen erhöhte Nachfrage zu höherem Output führt, werden nicht angeführt. Auch könnten Studierende zu Überlegungen angeregt werden, wie eigentlich bei fehlendem Auktionator die Markträumung und die Bewegungen zum Schnittpunkt der Kurven herbeigeführt werden. Gibt es einen anderen Gleichgewichtsautomatismus?

Die LM-Kurve verläuft im Unterschied zur vorherigen sechsten Auflage (2014, Kapitel 5, so bereits bei Romer 2000) horizontal zur Abszisse, da Zentralbanken heute eine Steuerung über den von ihnen gesetzten (Hauptrefinanzierungs-)Zinssatz vornehmen und nicht wie in vorherigen Darstellungen die sparenden Haushalte die Quelle (zusätzlichen) Kreditangebots sind. Allerdings taucht nach wie vor das Bankensystem im Modell nicht auf und Finanzkrisen sind eigentlich ausgeschlossen, sie können sich – abgesehen von einer später in Kapitel 14 kurz eingeführten Linksverschiebung der IS-Kurve aufgrund von Risikoaufschlägen – im Modell nicht entwickeln, da Zahlungsströme, Vermögenspreisschwankungen und z.B. der Aufbau von Schuldenkaskaden im Rahmen von positiven Rückkoppelungsprozessen nicht vorkommen (wie dies im Rahmen dieses Theoriedesigns möglich wäre, siehe Weise/Barbera 2010).

In der Darstellung steckt eine gewisse Illusion oder Übertreibung hinsichtlich der in der Realität zumeist nicht ausgeschöpften Handlungsfreiheit der Notenbanken bei der Zinspolitik, da Zentralbanken oft akkommodierend auf die Tendenzen auf den Geld- und Kapitalmärkten reagieren und das Wechselspiel zwischen den Notenbanken und den Gegebenheiten und Erwartungen auf den Finanzmärkten im LB kaum angerissen wird. Auch wird insinuiert, dass die Zentralbank über ihre Hauptrefinanzierungszinssätze, die sich auf den Erwerb von Zentralbankgeld durch die Banken beziehen, anscheinend recht problemlos den für die Realwirtschaft wichtigen längerfristigen Realzins beeinflussen kann.

Eine gewisse Spannung kommt in das Gesamtmodell, weil die Zentralbanken zwar einerseits die Hoheit über die Setzung des Zinssatzes haben, andererseits aber vom Ansatz her alle Variablen eigentlich auf und vom Markt gesetzt werden (sollen) und implizit der Gedanke eines natürlichen Zinssatzes mitschwingt, der verkappt über die Taylor-Regel eingeschleust wird (Smithin 2010).

Die Höhe des vertikalen LM-Zinssatzes wird nicht (mehr) aus unterstellten quasi-ökonomischen Gesetzmäßigkeiten abgeleitet, sondern sie ist im Unterschied zur früheren, ansteigenden LM-Kurve scheinbar administrativ beliebig setzbar. Sie wird ggf. durch z.b. die Taylor-Regel rationalisiert, wobei die Autoren die unterschiedlichen Zielsetzungen der FED und der offiziell auf Preisstabilität fokussierten EZB nicht behandeln. Bei Arnold (2016, S. 156-158) und Burda/Wyplosz (2017, S. 288-297) ist die LM-Kurve ansteigend, da sie davon ausgehen, dass gemäß der Taylor-Regel bei einer Outputerhöhung zur Inflationsvermeidung oder -eindämmung der (Leit-)Zins erhöht wird. Eine plausible Logik des Zinssetzungsverhaltens der Zentralbank dürfte sich auch diagrammatisch erst erschließen, wenn man sich verschiebende Geldnachfrage- und -angebotskurven im Verlauf von Boom und Rezession verfolgt (Galbraith/Darity 2005, S. 201-202; siehe auch ihre Kapitel 5, 7 und 8 zu einer kritischen Diskussion des IS-LM-Modells und der Phillips-Kurve und ihre Erweiterungen um potentielle Instabilitäten).

Auch dürften Studierende angesichts des wenig konsistenten vorherigen Kapitels die Vorgänge nicht recht verstehen, die dazu führen, dass bei festgelegtem Zinssatz die Zentralbankgeldmenge und das Geldangebot „endogen" bestimmt werden (BI, S. 153). Wenn sich aber die Geldmenge zu einem bestimmt gesetzten, nicht „automatisch" steigenden Zinssatz endogen anpasst, dann führen zusätzliche Investitionen (Rechtsverschiebung der IS-Kurve) nicht unbedingt zu steigenden Zinsen.

Würde endogenes Geld und Kreditgeldschöpfung ernst genommen, die beide makroökonomische Ungleichgewichte hervorrufen können, so dass zwischen Investitionen und Sparen dann realistischerweise Diskrepanzen auftreten können, müssten völlig andere Modelle entwickelt werden, die der marktliberal-konservativen Ausrichtung des LB widersprächen (siehe Sawyer 2010, Fontana/Setterfield 2010 und Ehnts 2012 mit entsprechenden Alternativmodellen).

Im LB entspricht die LM-Kurve neuerdings zumindest immer dem horizontalen Verlauf der Liquiditätsfalle. Es findet demnach anscheinend überhaupt kein *crowding-out* (Verdrängung privater Investitionen durch ansteigenden Zinssatz) mehr statt und man fragt sich, warum dann nicht die Möglichkeit der Nachfrageerhöhung bis zur Vollbeschäftigung angesprochen wird.

Was können Studierende aus dem Modell über die Kontrolle und das Setzen des kurzfristigen Zinssatzes lernen, wenn dieser im Modell auf einem beliebigen Punkt mit horizontalem Verlauf angesetzt wird? Im Falle einer recht zinsunelastischen Investitionsfunktion, die dann im Modell praktisch vertikal verliefe, ergäbe sich ein einziger Schnittpunkt mit der horizontalen LM-Kurve. Was wäre erkenntnismäßig dann aus dem Modell zu gewinnen? Postkeynesianer plädieren angesichts solcher Überlegungen dafür, das IS-LM-Modell zu den Akten zu legen (Seccareccia/Lavoie 2015). Solche Kritikpunkte könnten durchaus eine konstruktive Rolle in den LB spielen, um eine kritische Reflexionshaltung (Beachtung und Ernstnehmen der jeweiligen Hintergrundannahmen) bei gleichzeitiger Wertschätzung als Denkhilfen zu fördern.

Hier wird, wie in den früheren Versionen des LB, die Tatsache verschleiert, dass Zentralbanken den Liquiditätsbedarf der Banken und des Geldmarktes sicherstellen und bedienen und die Märkte davon ausgehen (können), dass es keine ernsthaften quantitativen Beschränkungen oder eine restriktive Mengenpolitik gibt. Banken verfügen demnach in Sachen Geldschöpfung über einen sehr großen Handlungsspielraum, was einen potentiellen Instabilitätsfaktor des Geld- und Bankensektors und eine Quelle für Finanzkrisen darstellt (Spahn 2016, S. 211-215) und u.a. Minskys Analyse eines stark zyklischen und spekulativen kapitalistischen Finanzsystems mit systemimmanenten Instabilitäten ausklammert.

Zum realen Geldschöpfungsprozesses soll hier nur kurz auf die unterstellte Annahme der Unabhängigkeit der beiden Kurven hingewiesen werden: Wenn eine kreditfinanzierte Expansion entlang der IS-Kurve erfolgt, so erhöht sich gleichzeitig die Geldmenge und die LM-Kurve bewegt sich ebenfalls. Auch ist unklar, wie man sich ein bei der Ableitung der LM-Kurve unterstelltes, von der Geldnachfrage unabhängiges Geldangebot überhaupt vorstellen kann. Da ein Geldangebotereservoir, das darauf wartet, abgerufen zu werden, nicht existiert, ist ein LM-Geldmarktgleichgewicht, wie es im LB dargestellt wird, eigentlich bedeutungslos, da man sich nicht außerhalb des Gleichgewichts von Geldangebot und -nachfrage befinden kann.

Über die etwas fiktive vollständige Liquiditätsfalle hinausgehend (im Extremfall: Bei einem Ankauf aller Vermögenswerte durch die Zentralbanken käme es zu keiner Inflation), ging es Keynes um den Beleg einer nicht unwahrscheinlichen monetären Politikineffektivität bei starken Rezessionen, was im Modell nur als seltener Spezialfall (nämlich die Liquiditätsfalle) ausgewiesen wird.

Mit der *Modern Money Theory* (Wray 2015; Mitchell et al. 2016) sei noch einmal die Frage gestellt, warum es in einem Fiatgeldsystem bzw. bei einem reinen Papiergeldstandard eine natürliche bzw. zwangsläufige Grenze der Geldschöpfung durch die Zentralbank geben sollte? Worin besteht der unüberwindliche Anker oder die definitive Begrenzung? Warum kann man nicht eine monetäre Expansion bis zur Vollbeschäftigung als Primärziel mit Hilfe der Zentralbank und wenn nötig mit unkonventionellen Maßnahmen betreiben, wenn man eine vollkommene Liquiditätsfalle für unrealistisch hält und nicht unterstellt, dass sich recht früh Engpässe (*bottlenecks*) in Preiserhöhungen niederschlagen?

Immerhin werden der Geld- und Fiskalpolitik in der kurzen Frist Wirkungseffekte trotz erwähnter unsicherer Übertragungskanäle und Zeitverzögerungen zugeschrieben. Das neue Kapitel 6 bietet ein buntes Vielerlei zur Differenz zwischen Nominal- und Realzinsen, zu Risikoprämien, zu einer simplifizierten Darstellung der Rolle der „Finanzintermediäre" und zu Aspekten der Finanzkrise.

Die Finanzkrise wird zwar hinsichtlich ihrer Ursachen facettenreich untersucht, es fehlt aber neben der Aufzählung zahlreicher Aspekte (Subprime-Kredite, Verbriefungen usw.) an einer tiefergehenden Analyse der prinzipiellen Besonderheiten der Finanzmärkte (etwa positive Rückkoppelungen, Herdeneffekte, psychologischer irrationaler Überschwang, systemimmanente Kreditbooms usw.), so dass es auch zu keiner vertieften und konsistenten Reformdiskussion im LB kommen kann.

In der deutschen Ausgabe aus dem Jahr 2004 (Blanchard/Illing 2004), als sich die Krisenursachen, die dann zur Finanzkrise führten, aufbauten, ist von potentiellen Instabilitätsfaktoren auf den Finanzmärkten dann auch überhaupt nicht die Rede (abgesehen von ein paar belanglosen Bemerkungen auf den Seiten 451-455), was angesichts der Konzipierung von Banken als Intermediären, des Optimierungsverhaltens aller Akteure auf allen Märkten unter Beachtung ihrer Budgetbeschränkungen, der Ausgabendisziplinierung durch die Märkte, des allgemeinem Gleichgewichtsdenkens, der rationalen Erwartungen, der Auslandsverschuldung als intertemporales, optimales Konsumverhalten usw. (Spahn 2016, Kapitel 1 und 5) wenig überraschend ist.

Die gerade in den letzten Jahrzehnten häufiger anzutreffende Entwicklungssequenz von Aufbruchsstimmung, Euphorie, Bubbles und Crashs auf den Finanzmärkten im Anschluss an Galbraith, Kindleberger und Minsky (siehe den Überblick in Peukert 2013, Teil III) wird im LB ausgeklammert (siehe für einen heterodoxen Ansatz einer monetären Theorie unter Einschluss von Interessengruppen, verschiedenen Finanzmarktregimen, Gewinninflation, Verteilungseffekten der Geldpolitik und „Nichtneutralität" der Notenbanken usw. und ihre Verbindung mit Finanzmarktinstabilitäten siehe gut verständlich und einmal mehr als LB-Alternative Cohn 2007, Kapitel 10 und 11).

Abrupte Stimmungsumschwünge und Ansteckungseffekte können im hier untersuchten LB nur dann zu plötzlichen abrupten Verhaltensänderungen führen, die nicht durch die Fundamentaldaten gerechtfertigt sind, wenn es den Autoren in ihr Weltbild passt, z.b. bei der Legitimation des OMT-Programms und als Argument gegen Staatsverschuldung (BI, S. 674-675).

Die reformbezogenen Ausführungen bewegen sich wieder einmal trotz des Hinweises auf Meinungsverschiedenheiten ausschließlich im Rahmen der offiziellen Politikoptionen. Hier sei nur das Beispiel des *narrow banking* erwähnt, d.h. ein Trennbankensystem, bei dem der hoffentlich langweilige Zahlungsverkehr aus Sicherheitsgründen von den übrigen Bankgeschäften abgetrennt wird. Ihm begegnen die Autoren mit dem Hinweis, dass dann eine Abwanderung in den Schattenbanksektor erfolgen könne (BI, S. 189), was ein Generalargument gegen jegliche Regulierung (z.B. auch gegen Basel-III-Regelungen) darstellt.

Man könnte dieser Gefahr recht einfach begegnen, indem man dafür sorgt, dass Schattenbanken Banklizenzen beantragen müssen, sodass man sie wie Banken kontrollieren kann. Auch werden die momentan nur schwer durchsetzbare Negativzinsen (für Einlagen) im LB häufig als Problem genannt (BI, S. 193), ohne, wie schon erwähnt, Alternativen (Helikoptergeld usw.) in Betracht zu ziehen.

Mit Kapitel 7 zum Arbeitsmarkt wird zur mittleren Frist übergegangen. „In der mittleren Frist kehrt die Volkswirtschaft zu einem Gleichgewicht zurück, in dem die Produktion dem Produktionspotenzial entspricht. Im mittelfristigen Gleichgewicht wird die Arbeitslosenquote durch strukturelle Faktoren bestimmt. Sie entspricht der ‚natürlichen' Arbeitslosenquote" (BI, S. 215). Mit dieser keinesfalls selbstverständlichen Definition sind weitreichende theoriearchitektonische Entscheidungen verbunden, die letztlich darauf hinauslaufen, dass auf mittlere Sicht die Geld- und Fiskalpolitik nicht zu einer Abweichung von der natürlichen Arbeitslosenquote und anderen fundamentalen Gegebenheiten

(Kapitalstock usw.) führen kann. Zunächst bleibt unklar, wie lange hier die kurze und die lange Frist eigentlich dauern.

Fragen dieser Art bleiben unbeantwortet, auch weil, wie bereits angesprochen, im LB jegliche wissenschaftstheoretische Reflexion zur mehr oder minder starken Übereinstimmung zwischen Modell und Realität fehlen. Rein logisch muss es immer gleichzeitig das Wirken der Kräfte der kurzen und das Wirken der Kräfte der langen Frist geben. Es kommt einem der Gedanke, ob es ggf. einmal keine kurzen Fristen geben darf, damit sich die Kräfte der langen Frist durchsetzen können, und man könnte überlegen, ob es realökonomisch nicht eigentlich nur eine Aneinanderreihung kurzer Fristen gibt und sich die Ökonomie tatsächlich immer nur im Ungleichgewicht befindet.

Bei näherem Hinsehen wird offenkundig, dass sich hinter der temporalen Unterscheidung bestimmte unterschiedliche Annahmen der Modelle verbergen. Gab es in der kurzen Frist im LB ungleichgewichtige Situationen (Unterbeschäftigung), so gilt dies in der mittleren Frist nicht mehr, was auch damit zusammenhängt, dass in der kurzen Frist – fast (mit Ausnahme z.B. des Zinssatzes) – durchgehend fixe Preise angenommen werden und in der mittleren Frist flexible Preise. Auch ist es keinesfalls selbstverständlich, den Arbeitsmarkt der mittleren Frist zuzurechnen. Warum behandelt man ihn nicht in der kurzen Frist neben Erwartungen, Zinsentscheidungen usw.? Überhaupt ist die strikte Trennung in einen Fix- und einen Flexpreisteil recht arbiträr. Die Thematisierung von Preisveränderungen über die Lohn-Preis-Spirale (BI, S. 218) ist ebenfalls keine selbstverständliche Vorgehensweise.

Die Einführung des Kapitels lebt von der Unterscheidung positiver, aktiver (Beispiel: USA, deren Arbeitsmarkt regelrecht verklärt wird) und sklerotischer Arbeitsmärkte (Beispiel: Deutschland). Zwar werden kollektive Lohnverhandlungen und Effizienzlöhne angesprochen, aber der positive Tenor der Ausführungen zu „flexiblen" Arbeitsmärkten geht schon aus dem Satz hervor, es ließe „sich nicht abstreiten, dass eine großzügige Arbeitslosengeldregelung dazu führt, dass das Risiko der Arbeitslosigkeit viel von seinem Schrecken verliert" (BI, S. 235), was Anpassungen über Preise (gemeint sind Lohnsenkungen) behindere. Erst viel später wird einmal darauf hingewiesen, dass (auch nur temporärer) Arbeitsplatzverlust zu Kompetenz- und Einkommenseinbußen führen kann (BI, S. 401).

Die Lohnsetzungs- und Preissetzungsgleichung mit dem Reallohn auf der Ordinate und der Erwerbslosenquote auf der Abszisse, die zur Ermittlung der natürlichen Arbeitslosenquote führt (BI, S. 238), ist ein merkwürdiges Konstrukt. Es wird z.b. einmal eine Zusammenfassung aller Märkte dargestellt, dann wieder ein Einzelunternehmen oder eine Branche (BI, S. 237-238). Zur Preissetzungsgleichung, die zur Abszisse horizontal verläuft, gelangen die Autoren, indem eine konstante Arbeitsproduktivität vorausgesetzt wird. In Abhängigkeit von der „Marktmacht" der Unternehmen erfolgt ein Preisaufschlag; ohne nähere Präzisierung gehen sie von unvollkommenen Märkten aus und umgehen so die Bestimmung der unterstellten Marktkonstellationen und eine, und sei es nur rudimentäre, Beschreibung der realen Markt- und Machtverhältnisse.

Im Gewinnaufschlag können sich alle möglichen Faktoren ausdrücken, so dass er etwas nebulös bleibt, genannt werden später noch Steuerbelastungen, hohe Lohnnebenkosten, inflexible Gewerkschaften usw. (BI, S. 272). Der tendenziell eine auch gegenüber Unternehmen kritische Haltung andeutende Gewinnaufschlag dank Marktmacht wird hierdurch inhaltlich ausgehöhlt.

Marktmacht wird auch nicht näher definiert, sie soll (primär, ausschließlich oder auch?) von der Preiselastizität der Nachfrage abhängen (BI, S. 237). Die fallende Lohnsetzungsgleichung besagt: „Je höher die Arbeitslosenquote, desto niedriger der Reallohn" (BI, S. 237), da die Verhandlungsposition der Beschäftigten schwächer sei. Der Reallohn sei umso niedriger, je höher der Gewinnaufschlag, da die Preise steigen, aber die Nominallöhne gleichbleiben. Warum fordern die Arbeitnehmer dann nicht höhere Löhne, wie zu Anfang des Kapitels beschrieben (BI, S. 218)?

Nur nebenbei sei bemerkt, dass die Autoren durch die beliebige Setzung des *mark-up* und die Generalisierung von der Mikro- zur Makroebene einem klaren theoretischen Ansatz zur Bestimmung der primären Einkommensverteilung aus dem Weg gehen.

Damit das Schaubild Sinn macht, müssen beide Kurven unabhängig voneinander sein (siehe auch die kritischen Bemerkungen zu diesen Kurven bei Carlin/Soskice 2015 im hiesigen Kapitel 4, S. 101ff.). Es wird behauptet, dass das *mark-up* der Unternehmen und die entsprechende Verteilung zwischen Löhnen und Gewinnen exogen bestimmt wird und unabhängig vom Beschäftigungsniveau sei (BI, S. 238).

Dies leuchtet nicht ein, da die Arbeitslosenquote laut Lohnsetzungsgleichung den Reallohn bestimmen soll und die Unternehmen in Verhandlungen versuchen werden, den Reallohn zu drücken, der aus den Grenzkosten des Faktors Arbeit plus Aufschlag bestehen soll. Bei sinkender

Arbeitslosigkeit kann man annehmen, dass die Verhandlungsmacht der Arbeitnehmer steigt und die – wie unterstellt wird, nicht in vollkommener Konkurrenz befindlichen – Unternehmen im Verteilungskampf bei der Profitmarge nachgeben müssen, d.h., die Kurven sind nicht unabhängig voneinander.

Eine Erhöhung des Arbeitslosengeldes soll zu einer Rechtsverschiebung der Lohnsetzungskurve führen, die Arbeitnehmer fordern bei gegebener Arbeitslosigkeit dann höhere Löhne, die nicht auf der davon unabhängigen Horizontalen der Preissetzungsgleichung (PS) liegen. Ob dieser Zusammenhang zwischen Arbeitslosengeld und allgemeinem Lohnsatz besteht, ist fraglich. Warum sollte sich die PS nicht anpassen? „Eine höhere Arbeitslosenquote wird benötigt, um den Reallohn auf das Niveau zurückzuführen, das die Unternehmen bereit sind zu zahlen" (BI, S. 239). Über welche Kräfte der unsichtbaren Hand diese höhere Arbeitslosigkeit herbeigeführt wird, bleibt im Ungewissen. Eines ist aber klar: Alle möglichen Schutzmaßnahmen der Arbeitnehmer, ob Kurzarbeitsüberbrückung oder Sozialpläne, führen zu einer höheren „natürlichen" Arbeitslosenquote.

Der gleiche Effekt stellt sich bei einem Sinken der PS-Kurve infolge von Unternehmenskonzentration ein: Der Reallohn muss sinken. Das geht aber nur über höhere Arbeitslosigkeit. Unfreiwillige Arbeitslosigkeit kommt in all diesen Szenarien nicht vor. Gegen Ende des Kapitels wird sie unter Hinweis auf Effizienzlöhne (BI, S. 248) eingeflickt, die aber vorher im Modell nicht enthalten waren.

Kapitel 8 behandelt die Phillips-Kurve, wobei gegen 1970 die Beziehung zwischen Inflationsrate und Arbeitslosenquote zusammenbrach, was zur modifizierten Phillips-Kurve führte. Zugestanden wird, dass schon die statistische Signifikanz der ursprünglichen Phillips-Kurve sehr niedrig war. Ihre Kritik durch Friedman wird im LB lobend hervorgehoben (zum genaueren Diskussionsverlauf siehe die Beiträge in Phelps et al. 1970; Santomero/Seater 1978; Heine/Herr 2013, S. 289-297 und 474-481 und Vroey 2016, Kapitel 5).

Obwohl die Autoren erwähnen, dass die natürliche Arbeitslosenquote nicht direkt beobachtet werden kann, von vielen Faktoren abhängt, sich im Zeitverlauf ändert (Globalisierung, Anstieg der Zeitarbeit, Alterung der Gesellschaft usw.) und die Korrelationen nicht allzu stark sind, stellt das Konzept dennoch einen ganz wesentlichen Eckpunkt ihres makroökonomischen Baukastens und v.a. ihrer späteren Aussagen zu sehr begrenzten wirtschaftspolitischen Spielräumen dar. Interessanterweise liegt allen Varianten der Kurve die Vorstellung eines Nullsummenkonflikts zugrunde.

Es wird nicht erwähnt, dass Phillips bestenfalls für die Zeit zwischen 1861 und 1913 eine stabile Phillips-Kurve annahm und daher fast von einer Publikation („quick and dirty', ‚done in a weekend') absehen wollte, zumindest selber nie von einer Menüwahl zwischen Inflation und Arbeitslosigkeit ausging (Sleeman 2011). Dass ein Zusammenhang zwischen Arbeitslosigkeit und Lohnentwicklung besteht, war lange vor Phillips ein Gemeinplatz, nicht zuletzt in der Variante der Marxschen industriellen Reservearmee. Und Marx würde diesen Zusammenhang wohl weniger als *natural*, sondern vielmehr als *disciplinary unemployment* bezeichnen: Zur Disziplinierung der Arbeitnehmer bedarf es einer bestimmten Arbeitslosenquote und Kapitalismus und längerfristige Vollbeschäftigung sind für ihn unvereinbar, denn Letztere würde zu Investitionsstreiks führen.

Die von Samuelson und Solow umformulierte Variante mit Inflation und Arbeitslosenquote hält – selbst unter neuerlicher Verwendung der damals erst zur Verfügung stehenden Verfahren – einer statistischen Überprüfung nicht stand (Hall/Hart 2012, die entgegengesetzte Auffassung vertritt Hoover 2014). Sie ist eigentlich nur zu verstehen durch ihre Funktion als fehlende Variable im damaligen Theorieset und v.a. als wirtschaftspolitische Argumentationshilfe der Aggregate-Keynesianer, die in der Präsidentenwahl 1960 für die Demokraten und Kennedy eintraten. Diese unterstützten eine Vollbeschäftigungspolitik. Sie wollten den republikanischen Warnern vor einer Hyperinflation oder alternativ Preiskontrollen den Wind aus den Segeln nehmen (Leeson 1997 und 1998 mit exzellenten Überblicken über die damaligen politischen und wirtschaftstheoretischen Lager und die politstrategische Rolle der Phillips-Kurve).

Auch Milton Friedmans Behauptung eines langfristig vertikalen Kurvenverlaufs beruht auf schlecht fundierten, in gewissem Sinne beliebigen Annahmen in seinem präsidialen Beitrag, der eigentlich primär eine Lanze für seine goldene Regel einer konstanten Geldmengenzufuhr brechen sollte (1968, mit teilweise modifizierten, dann „modernen" neuklassischen Begründungselementen und dem bekannten Schaubild siehe Friedman 1976a).

Grundsätzlich akzeptiert Friedman die Existenz und den Verlauf einer wenn auch sich verschiebenden, nicht vertikalen Phillips-Kurve, ohne die er argumentativ nicht zu seiner Konstruktion einer natürlichen Arbeitslosenquote kommen kann. Es bleibt ziemlich unklar, von welchen wirtschaftsstrukturellen Annahmen er ausgeht, da von einem ursprünglichen (empirisch unbeweisbaren) Walrasianischen Gleichgewichtsreallohn und -system die Rede ist, d.h. ohne monopolistischen Wettbewerb, Nichtlinearitäten, multiplen Gleichgewichten usw. Es gibt bei ihm aber auch unterschiedliche Erwartungsirrtümer, davon unabhängige Tendenzen sich herausbildender (Gleichgewichts-?)Preise durch (Über/Unter-?)Angebote und (Über/Unter-?)Nachfragen auf dem Arbeitsmarkt, Preisanpassungsdivergenzen in historischer und nicht logischer Zeit, Machtverteilungskämpfe und nicht nur friktionelle Arbeitslosigkeit usw.

Da mit dem Walrasianischen Ansatz keine quantitative Aussage zur Unterbeschäftigung gemacht werden kann, kann die natürliche Quote, sofern als stabile Beziehung überhaupt existent, nur empirisch als mittelfristiger Durchschnittswert ermittelt werden. Der Hauptimpuls geht jedenfalls in vorkeynesianischer Perspektive vom Arbeitsmarkt aus, die natürliche Arbeitslosenquote beruht bei Friedman auf Imperfektionen des Arbeitsmarktes.

Grundsätzlich stellt sich die Frage, warum sich die erhöhte Nachfrage nicht primär in einer erhöhten Produktion, sondern immer nur in steigenden Preisen niederschlägt. Friedmans Skizze enthält hierzu die Annahme einer Lohn-Preis-Spirale: Inflation ist lohngetrieben und nicht z.B. durch eine überschießende Geldschöpfung von Seiten der Banken hervorgerufen, an ihr sind nur die Arbeitnehmer und die Gewerkschaften schuld, eventuell exorbitante Gewinnaufschläge durch Unternehmer, die im Übrigen, wie schon Adam Smith bemerkte, wie die Gewerkschaften versuchen, die Märkte in ihrem Interesse kollusiv zu schließen, oder als weitere Ursache eine generell zunehmende Investitions- oder Konsumnachfrage bleiben unberücksichtigt (siehe Horn 2015 zu Friedmans sehr großzügiger Haltung gegenüber Monopolen im Allgemeinen und Großunternehmen im Besonderen).

Man könnte genauso gut argumentieren, dass dank verantwortungsbewusster Gewerkschaften, die sich mit Arbeitgeberverbänden koordinieren und auch gelegentlich gegen die kurzfristigen „Marktkräfte" unter Berücksichtigung von Produktivität und Zielinflationsrate der Lohnnorm folgen, eine deutliche Senkung der „natürlichen" Arbeitslosigkeit (und NAIRU) bewirkt werden könnte (Heine/Herr 2013, S. 478). Auch lässt sich annehmen, dass es einen breiten mittleren Teil der Kurve gibt, der horizontal verläuft, weil die Zentralbank die Inflationserwartungen fest verankern kann oder die Unternehmen meist konstante Grenzkosten auf-

Kapitel 2: Blanchards und Illings *Makroökonomie* 49

weisen (Filardo 1998; Barnes/Olivei 2003; siehe Lavoie 2010, S. 196-200 mit einem übersichtlichen Schaubild mit vier Quadranten). Dann hat die monetäre Politik und die Nachfrageseite plötzlich auch längerfristige realökonomische Auswirkungen. Stanley (2013) argumentiert anhand von Ergebnissen einer Meta-Regressionsanalyse, dass eine Erhöhung oder Einführung von Mindestlöhnen wohl deshalb in vielen Ländern keine negativen Effekte hinsichtlich Inflation und Senkung des Outputs aufweisen, weil höhere Löhne zu höherer Produktivität führten und die Effizienzlohnthese bestätigten.

Galbraith weist in seiner empirischen Analyse darauf hin, dass seit Mitte der 1970er Jahre die durchschnittlichen Reallöhne stabil blieben oder sanken und die zunehmenden Inflationsraten wesentlich durch ansteigende Güterpreise, insbesondere durch den Ölpreis (zwei Ölpreisschocks) und die Importpreise (Abwertung des US-Dollars) bedingt waren. Hinzu kamen die Folgen des Vietnamkrieges, was zusammen die vormals bestehenden Lohn-, Preis- und Kostenstrukturen nach Galbraith ziemlich durcheinanderbrachte und womöglich eine *guidepost policy* (z.B. vermittels steuerincentivierender Lohnpolitik, siehe Colander (Hrsg.) 1986 u.a. mit Beiträgen von Tobin und Vickrey) erforderlich machte (Galbraith 1997). Eine solche wirtschaftshistorische Analyse kommt völlig ohne die Behauptung vermeintlich stabiler Zusammenhänge aus, durch deren Annahme es Studierenden auch erspart wird, sich mit den realen wirtschaftshistorischen Entwicklungen vertraut machen zu müssen.

Goodwin et al. (2014, S. 300-306) und Dullien et al. (2018, S. 427-435) erwähnen die Phillips-Kurve angesichts ihrer Nichtstabilität ab den 1970er Jahren daher nur kurz und diskutieren unterschiedliche Auffassungen zu wirtschaftspolitischen geld- und fiskalpolitischen Zusammenhängen anhand des AS-AD-Diagramms mit einem Keynesschen horizontalen Teil der AS-Kurve und einem dem klassischen Ansatz entsprechenden vertikalen Verlaufsbereich, ohne zum „Kunstgriff" der Einsortierung in eine kurze oder lange Frist greifen zu müssen.

So gelingt es, die Annahmen verschiedener Denkschulen und unterschiedliche aktuelle Konstellationen (Ökonomien nahe oder fern der Vollbeschäftigung usw.) in einem Schaubild plural einzufangen und offen nachvollziehbar darzustellen, ohne die Studierenden auf eine Sichtweise festzulegen (zu den widersprüchlichen Darstellungen in LB und alternativen Modellen siehe Fields/Hart 1996, Dorman 2014, S. 376-393 und Cohn 2007, Kapitel 12 und 13 zu den verschiedenen Varianten und anderen ergänzenden plural-heterodoxen Perspektiven wie den *circuits-of-capital-* und den *social-structures-of-accumulation-*Ansatz).

Friedman bietet jedenfalls keine theoretisch klaren Argumente, warum genau es eine natürliche Arbeitslosenquote überhaupt geben muss, also z.b. über die Behauptung nach unten nichtflexibler (Real-)Löhne oder aufgrund der Existenz eines Reservationslohnes (siehe zum Unterschied die Schaubilder bei Dorman 2014, S. 354). Auf jeden Fall seien aber die Arbeitnehmer und ihre vermeintlichen Vertreter schuld an ihrer Arbeitslosigkeit. In beiden Fällen wird aber, wie schon in der vorkeynesianischen Ansicht, vorausgesetzt, dass es bei flexiblen Preisen (Löhnen) neben friktioneller keine (unfreiwillige) Arbeitslosigkeit gibt.

Schließlich werden Arbeitnehmerrechte wie Kündigungsschutz und Arbeitslosengeld einseitig nur als Faktoren angesehen, die die natürliche Arbeitslosenquote erhöhen, und nicht als Maßnahmen, die durchaus wohlfahrtssteigernde Auswirkungen haben und zu längerfristigen Senkungen der natürlichen Rate führen können. Dies kann der Fall sein, weil Arbeitnehmer durch diese Maßnahmen motiviert werden, sich firmenspezifisches Humankapital anzueignen, da sie durch die genannten Schutzmaßnahmen vor „Erpressung" (*hold-ups*) durch die Arbeitgeber gefeit sind, was auch für längerfristige Arbeitsverträge spricht (Peukert 2007 mit entsprechenden Literaturangaben von Seiten der Neuen Institutionenökonomie).

Überraschenderweise wird dieser Aspekt von Friedman klar gesehen und angesprochen, ohne dass dies für seine Überlegungen irgendeine Konsequenz hätte (Friedman 1976b, Kapitel 12, insbesondere die Seiten 235-236). Thorbecke (2004) meinte zudem empirisch nachweisen zu können, dass eine höhere Nachfrage die natürliche Arbeitslosenquote senke, da Arbeitnehmer durch sie motiviert würden, Berufsqualifikationen zu erwerben (Thorbecke 2004).

Aus der Arbeitsökonomik ist bekannt, dass Arbeitslosengeld oder das in Deutschland nach der Finanzkrise großzügig ausgeweitete Kurzarbeitergeld dazu führen (können), dass die Arbeitnehmer nicht den erstbesten Job annehmen müssen und daher nach einer gewissen Sucharbeitslosigkeit ihren Qualifikationen besser entsprechende Beschäftigungen finden (siehe z.B. Freeman 1989 und Champlin und Knoedler (Hrsg.) 2004, Teil II). Sie sind dann produktiver, was das Wachstum fördert, wodurch die „natürliche" Arbeitslosenquote sinkt.

Auch kann man gegenüber Friedman bezweifeln, dass sich über die übliche Geldpolitik der Zentralbanken die Geldmenge („currency plus all commercial bank deposits", Friedman 1968, S. 16) angesichts des Geldschöpfungsprivilegs der Privatbanken überhaupt in einem engen Band steuern ließe. Kann man wirklich, um auf das LB zurückzukommen, annehmen, dass sich die Ökonomie nach einer Irrtums-Expansionsphase in der kurzen Frist exakt auf den langfristigen Gleichgewichtsoutput zubewegen wird? Immerhin nimmt Friedman an, dass nach 2-5 Jahren Expansion in der kurzen Frist die schlussendliche, langperiodige Wiederanpassung „a couple of decades" (Friedman 1968, S. 11) dauern kann, was doch ein erstaunlich langer Zeitraum wäre.

Dieses Gedankengebäude Friedmans verliert seinen Ad-hoc-Charakter auch nicht durch die Einführung rationaler Erwartungen, nach denen es selbst in der kurzen Frist nur mit plötzlichen, erratischen Überraschungen eine Outputerhöhung geben kann (zu den kurvenreichen Weiterentwicklungen der Phillips-Kurve siehe Humphrey 1985 und Dorman 2014, Kapitel 15 und Vroey 2016, Kapitel 12 zu Gordons und Okuns hierzu heterodoxen Ansätzen).

Auch die zahlreichen ökonometrischen Untersuchungen zur NAIRU, bei der es um die mit einer konstanten bzw. von der Zentralbank angestrebten Inflationsrate kompatible Arbeitslosigkeit geht, sind eigentlich als gescheitert anzusehen, da man für die 1990er Jahre eine natürliche Arbeitslosenquote von 5-6 Prozent annahm und man sagen kann, dass sich diesbezüglich tatsächlich so gut wie alle Mainstreamökonomen irrten, da die Arbeitslosigkeit auf 3,8 Prozent fiel und die Inflation nicht über 3 Prozent hinausging (zu den konzeptionellen Unterschieden zwischen der NAIRU und der natürlichen Arbeitslosenquote und ihren jeweiligen Varianten siehe Heine/Herr 2013, S. 474-481, die auch plausibel eine über weite Strecken horizontale NAIRU beschreiben).

Empirisch konnten nur 20 Prozent der Inflation auf die Entwicklung der Arbeitslosigkeit zurückgeführt werden (Stiglitz 1997) und selbst diejenigen, die die Phillips-Kurve als sinnvolles Theorieelement befürworteten, mussten ihre starke Veränderlichkeit angesichts institutioneller soziostruktureller Veränderungen wie der Abnahme des Gewerkschaftseinflusses, der Globalisierung, der Produktivitätszunahmen und „the extent of competition or monopoly" (Friedman 1976a, S. 273) usw. anerkennen (Gordon 1997; Staiger et al. 1997).

Mitte 2018 fehlen angesichts eines 16-jährigen Tiefs der Arbeitslosigkeit überall in den USA Arbeitskräfte. Die hierauf bezogene Verhandlungsposition der Arbeitnehmer sollte eigentlich so stark sein wie seit langem nicht mehr. Anstelle der Löhne steigen jedoch die Unternehmergewinne. Nach Ansicht führender amerikanischer Mainstreamökonomen wie Alan Krueger liegt dies an den Drohungen vieler Multis, ins Ausland abzuwandern, an steigenden Mieten v.a. in den Ballungsräumen, die mobilitätshindernd wirken, aber auch an arbeitnehmerfeindlichen und illegalen heimlichen Abmachungen und Geheimverträgen v.a. von Fast-Food-Restaurants, die beinhalten, sich gegenseitig keine Leute abzuwerben und diese selbst dann nicht in einer anderen Filiale einzustellen, wenn sie bisher nur wenige Stunden beschäftigt waren (sogenannte Wildereiverbote bzw. No-poach-Agreements), um die Niedrigstlöhne beibehalten zu können (siehe https://www.nytimes.com/2018/07/12/business/fast-food-wages-no-poach-deal.html und zur Ausnutzung marktbeherrschender Machtpositionen durch Multis Naidu et al. 2018).

Der tatsächliche Verteilungskampf um den Lohnanteil wird durch die Annahme und Begründung eindeutiger Kurven, die einen zumindest temporär quasi-gesetzmäßigen Charakter annehmen, eher verschleiert und führt einmal mehr dazu, dass sich Studierende nicht um die Tatsachen und Ereignisse des tatsächlichen Verteilungskampfes kümmern müssen, sondern nur eine horizontale oder auch anders verlaufende Kurve ohne größeren gedanklichen Aufwand zu zeichnen haben.

Selbst Neoklassiker wie Phelps und der Monetarist Brunner sahen Friedmans Ausführungen zu einer – und sei es längerfristig – vertikalen Phillips-Kurve kritisch, denn die Behebung von Arbeitslosigkeit sei bei steigender Nachfrage viel leichter zu bewerkstelligen, und Woodford, Blanchard/Summers und Solow meinten, dass kurzfristige Abweichungen von der natürlichen Rate diese verschöben (siehe die Nachweise bei Spahn 2016, S. 101-104). Auch ließe sich ein Modell entwickeln, bei dem eine Erhöhung des Outputs bei positiven Skalenerträgen erfolgt und eine steigende Produktion mit steigenden Reallöhnen dank einer höheren Gesamtproduktivität ohne Anstieg der NAIRU „gleichgewichtig" sein könnte.

Die Schwäche der NAIRU in der Version des LB (zu ihren recht verschiedenen Konzeptualisierungen siehe Stockhammer 2008) besteht grundsätzlich überhaupt darin, dass sie suggeriert, es gebe nur eine Arbeitslosenquote, die mit der Zielinflationsrate und einem gleichgewichtigen Produktionsniveau kompatibel sei. Heine und Herr (2013, S. 474-481) zeigen, dass es ganz verschiedene, länderspezifische Verläufe gibt und geben kann, die vom jeweiligen Institutionengeflecht der Länder und insbesondere vom Regime der Lohnfindung am Arbeitsmarkt, aber auch von länderspezifischen Konjunkturentwicklungen abhängen (zur kaum vorhandenen empirischen Robustheit des Konzepts siehe auch umfänglich Storm/Naastepad 2012).

Angesichts der starken Abhängigkeit der Phillips-Kurve von den institutionellen Rahmenbedingungen kann man sich überhaupt fragen, warum in der Literatur und im LB nicht überlegt wird, wie man durch institutionelle Reformen die (unterstellt) vertikale natürliche Arbeitslosenquote nach links verschieben und somit senken könnte. Angesichts der schwachen Fundierung der verschiedenen Phillips-Kurven und ihrer jeweiligen wirtschaftspolitisch einseitigen Ausschlachtung ist doch mit großer Skepsis zu beurteilen, dass ihr im LB auch im weiteren Verlauf ein solch zentraler Stellenwert zukommt. Sollte man sie nicht besser für ökonomische Gegenwartsanalysen generell aus dem makroökonomischen Arsenal streichen? (Siehe zum Stand der Diskussion den Überblick bei Braunberger 2017 und das aus der Empirie gewonnene, vielbeachtete, sehr skeptische Urteil von Dotsey et al. 2017 zu Vorhersagen der Inflation anhand der Kurve.)

Abgesehen davon wird die Phillips-Kurve nicht in Zusammenhang mit anderen Teilen des LB gebracht, z.B. mit Themen wie Wachstum und technischer Fortschritt. Tatsächlich dürfte die Auseinandersetzung zwischen Kapital und Arbeit um den Anteil am Sozialprodukt neben der (Grenz-)Produktivität auch wesentlich bestimmt sein durch die Höhe von Mindestlöhnen, die Stärke der Gewerkschaften, politische Makroprioritäten (Stellenwert des Ziels der Vollbeschäftigung), kulturelle Normen und Unternehmensstrategien und andere Aspekte des gesamtregulatorischen Rahmens (siehe zu plural-heterodoxen Ansätzen Cohn 2007, Kapitel 15).

Dass die NAIRU sozial inakzeptabel hoch sein könnte, zumal unter Zugrundelegung der tatsächlichen und nicht der offiziellen Quoten, wird nicht in Erwägung gezogen. Auch wird mit der Preissetzungsgleichung (BI, S. 238) akzeptiert, dass es Gewinnaufschläge von Seiten der Unternehmen geben kann (oligopolistische Inflation), die zur Einhaltung eines stabilen Preisniveaus oder einer stabilen Inflationsrate laut LB eine höhere Arbeitslosigkeit und/oder Reallohnsenkungen bedingen.

Es lässt sich fragen, warum diese Last einseitig von den Arbeitnehmern getragen werden sollte und ob man nicht auch eine maximale *natural rate of priceincreases* (NARPI) einführen könnte, deren Einhaltung gebietet, dass das Überschreiten eines maximalen Konzentrationsgrades (in einigen Branchen oder Sektoren der Wirtschaft) zur Sicherung eines nicht zu hohen, „gleichgewichtigen" Gewinnsatzes regulatorisch zu korrigieren ist. Auch fehlen im LB konstruktive Überlegungen zu einer, schließlich auch tatsächlich nicht nur in Deutschland stattfindenden, koordinierten Lohnpolitik und zu Tarifverhandlungen, da – wie schon erwähnt – Gewerkschaften und Arbeitgeberverbände eine verantwortliche Lohnpolitik betreiben könnten, die trotz hohem Beschäftigungsstand nicht zu einem Überschreiten der Zielinflationsrate führen müsste. Im LB tauchen Arbeitsmärkte nur als zu flexibilisierende, marktantagonistische (Gegen-) Kräfte auf.

So wenig plausibel die Phillips-Kurve auch sein mag, sie hat doch erhebliche wirtschaftspolitische Implikationen, erlaubt sie doch eine Rückkehr zu klassischen Positionen, die Keynes angegriffen hatte. „(I)t seemed to vindicate commitment to supply and demand analysis, with its underlying idea of market-clearing equilibrium (which would apply to labor markets), and that was one of its main selling points" (Dorman 2014, S. 361). Die sich durchsetzende Mainstream-Synthese bestand in der Unterscheidung zwischen kurzer (Wirksamkeit der Geld- und Fiskalpolitik) und langer Frist (Unwirksamkeit) mit einer gewissen Differenz zwischen Neukeynesianern und späterer Neuklassik hinsichtlich der Frage der Länge der kurzen Frist und der Kosten des zwischenzeitlichen Outputverlustes.

Interessanterweise findet man im LB kaum theoretisch plausibel Nachvollziehbares zur Frage, wie stark eigentlich die fundamentalen Attraktoren auf die langfristige Phillips-Kurve hinwirken und in welchem Tempo sich wohl die Löhne, Preise und Mengen anpassen.

Schlussendlich mündete die Theorieentwicklung in DSGE-Modelle mit individuellem Maximierungsverhalten und die Annahme von Irritationen des Systems ausschließlich durch unvorhersehbare Schocks sowie die Unterstellung, dass sich die Ökonomie stets in der Anpassungsbewegung auf ein allgemeines Gleichgewicht befindet, in dem allgemeine Markträumung vorliegt. Man war in der selbstgewissen Auffassung, die ökonomische Theorie befinde sich in einer soliden Abrundungsphase und realökonomisch in einer weitgehend krisenfreien *Great Moderation* (Dorman 2014, Kapitel 16) – bis 2007 die Finanzkrise ausbrach.

Die Mehrheit der Ökonomen befürwortet DSGE-Modelle nach wie vor, wenngleich Erweiterungen durch Einbezug finanzieller Friktionen, Heterogenität der Haushalte usw. vorzunehmen seien. Nur wenige führende Ökonomen wie Stiglitz und Krugman stehen den Mainstream-DSGE-Modellen auch in neukeynesianischen Versionen grundsätzlich kritisch gegenüber, da Modelle mit repräsentativen Akteuren, die einen optimalen Pfad von Arbeit, Konsum und Sparen über die Zeit, nur gestört durch exogene Schocks, planen, keine relevanten Erklärungen unserer heutigen Wirtschaftswelt hervorbringen können (siehe die repräsentative Debatte im *Oxford Review of Economic Policy,* Band 34, 2018).

Die höheren Arbeitslosenquoten in Europa im Vergleich zu den USA werden im LB angebotsseitig auf die Ölpreisschocks und den Rückgang des Produktivitätswachstums zurückgeführt, angesichts derer die Beschäftigten ihre Ansprüche erst sehr spät zurückschraubten (BI, S. 269). Blanchard und Illing kommen dann in neuerlicher Einseitigkeit wieder auf die Eurosklerose zu sprechen, d.h. auf die rigiden Arbeitsmarktinstitutionen aufgrund von Kündigungsschutz, Mindestlöhnen, der Macht der Gewerkschaften usw. (BI, S. 271). Widerlegen lässt sich ihre Behauptung nicht, da z.B. der Hinweis auf persistente Arbeitslosigkeit trotz sinkender Gewerkschaftsmacht durch ihren Hinweis auf gravierende Veränderung anderer struktureller Rahmenbedingungen neutralisiert wird. Abschließend steht jedenfalls fest, dass die hohe Arbeitslosigkeit in Europa an „ungeeigneten Arbeitsmarktinstitutionen" (BI, S. 273) liegt.

Anstelle des in früheren Auflagen verwendeten und oft als in sich widersprüchlich angesehenen AS-AD-Modells wird in Kapitel 9 das IS-LM-PC-Modell vorgestellt (Blanchard/Illing 2004, Kapitel 7 und z.B. Blanchard/Johnson 2013, Kapitel 7, allerdings dort jeweils ohne horizontal zur Abszisse verlaufenden Teil der AS-Kurve; siehe zur Diskussion und Kritik des Modells z.B. Colander 1995; Grieve 1996; Rao (Hrsg.) 1998; Rao 2007 und Moseley 2010. Dass ein konsequentes, z.B. postkeynesianisch orientiertes Durchdeklinieren des Modells für die kurze, mittlere und lange Frist als Basismodell der Makroökonomie möglich ist, zeigen Flaschel et al. 2012).

Das Entfallen des AS-AD-Modells wird mit wenigen Worten kommentiert, es „zeichnete ein viel zu optimistisches Bild darüber, wie rasch die Wirtschaftsaktivität wieder zum Produktionspotenzial zurückkehrt" (BI, S. 18). Diese Einsicht ist löblich. Das Modell beruhte aber schon seit Jahrzehnten auf der Unterstellung einer fragwürdigen Wirkungskette:

Outputsenkung – Preisniveausenkung – höhere reale Geldmenge – Zinssenkung – höhere Nachfrage und steigender Output. Die Annahmen einer Nachfrageankurbelung dank Deflation und einer konstanten Geldmenge trotz Schrumpfung des Outputs waren seit langem offenkundig unsinnig. Aber das Modell hatte einen großen Vorteil: Es wurde eine objektive Mechanik und Wirkungskette aufgezeigt, die einer innerökonomischen Logik folgt.

An ihre Stelle tritt nun die (Zins-)Politik der Zentralbank, die zum Erreichen des mittelfristigen Gleichgewichts führt. Ohne die, wie sich zeigte, auf schwachen Füßen stehende These einer natürlichen Arbeitslosigkeit könnte man dann eigentlich eine klassisch keynesianische, expansive Geld- und Fiskalpolitik betreiben. Nur unter Annahme natürlicher Arbeitslosigkeit verbietet sich für die Zentralbank eine Orientierung am Vollbeschäftigungsziel.

Unweigerlich wird im LB aber die eigentlich angestrebte Logik und Zwangsläufigkeit ökonomischer „natürlicher Gesetzmäßigkeiten" untergraben, da (die Höhe der) Phillips-Kurve in allen Varianten von historisch-institutionellen Arrangements abhängt und v.a. jetzt die Institution der Zentralbank die Ökonomie zurück zum natürlichen Gleichgewicht führen muss, zumindest nach tiefgreifenden Krisen und Rezessionen und um ein unnötig langes Verweilen in Rezessionen zu vermeiden (siehe die Begründung zur Neufassung Blanchard 2016).

Wenn man noch bedenkt, dass auch die Lohn- und Preissetzungskurve von institutionellen Faktoren abhängen und behauptet wird, dass die Einkommensverteilung logisch unabhängig vom Einkommensniveau sei, verlässt man schnellen Schrittes die Welt neoklassischer Gesetzmäßigkeiten (z.B. die Entlohnung nach dem Grenzprodukt) und landet bei politisch-institutionellen Kontexten, in denen sich Arenen und Spielregeln der Auseinandersetzung sozialer Gruppen – oder bei Marxisten sozialer Klassen – herausbilden, was auch stark an kritisch institutionalistische Ansätze erinnert (Commons 1924), die der Denkfigur natürlicher längerfristiger Gleichgewichte zuwiderlaufen (siehe näher Brancaccio 2017). Andererseits wird implizit unterstellt, dass sich Vollbeschäftigung als natürliches Derivat der Preisstabilisierung und angebotsorientierter Reformen ergebe.

Doch auch die Trennung von kurzer und mittlerer Frist gerät ins Wanken. Konnte man im AS-AD-Modell angeben, wie sich von der Jetzt-Konstellation nach Umsetzung der Wirkungskette in der mittleren Frist das natürliche Gleichgewicht (wieder) einstellte, so käme man nach den weiteren Erfahrungen der Finanzkrise zu dem Ergebnis, dass es über viele Jahre zu keinem selbstadjustierenden „return to normal" kommen kann.

Forschungen v.a. zur jüngsten Finanzkrise ergaben zudem, dass Hysterese-Effekte vorliegen (De Long/Summers 2012 und Fatas/Summers 2016, aber auch z.B. bereits Mitchell/Muysken 2008). Sogar Blanchard et al. (2015) gehen nach der Finanzkrise von einer mittlerweile recht flachen Phillips-Kurve aus, Stabilisierungs- und Kürzungspolitiken können mit hohen langfristigen Kosten (hohe Arbeitslosigkeit) und einer auch daher sehr unterschiedlichen NAIRU einhergehen, ein niedriger Zins befeuere nicht effektiv die Investitionen usw. Mit diesen Ergebnissen widersprechen Blanchard et al. nicht nur der Darstellung im LB, sondern auch der vorherrschenden EU-Politik nach der Finanzkrise (siehe Stirati 2016 mit weiteren (Literatur-)Hinweisen zu endogener Produktivitätszunahme durch positive Nachfrageschocks und mit Bemerkungen zu nachfrageorientierten Wachstumsmodellen und aktuellen Bezügen zur Eurokrise).

Nur am Rande sei erwähnt, dass dem Theorieumfeld zur NAIRU und der Phillips-Kurve eine indirekte Mitverursachung der Finanzkrise zukommt, da sie als eine Argumentationshilfe zum Zurückbau des Wohlfahrtsstaates, zur Beschneidung des Einflusses der Arbeitnehmerorganisationen und ihrer Lohnforderungen dienten, was zur zunehmenden Verteilungsungleichheit und der Kompensation durch hohe Privatverschuldung führte, die ein Auslöser der Finanzkrise war.

Es gab in der Volkswirtschaftslehre keine klare Gegenbewegung gegen die sich seit den 1970er Jahren durchsetzende marktliberale Revolution (zur deutschen Sonderentwicklung des marktliberalen Gedankens siehe Ötsch et al. 2018) wie in den 1930er Jahren mit dem Ansatz Keynes', so dass sich der Eindruck in Wissenschaft und Politik verfestigte, dass alle Versuche, Vollbeschäftigung und eine egalitärere Gesellschaft zu verwirklichen, zum Scheitern verurteilt sind (siehe Storm/Naastepad 2012, Kapitel 8, zu den auch durch die NAIRU hervorgerufenen gesamtgesellschaftspolitischen Veränderungen und ihre paternalistisch-autoritären Implikationen).

Das Vorliegen von Hysterese-Effekten bedeutet, dass man die schlussendliche Gleichgewichtsposition einer Variable nicht ohne Einbezug der Dynamik der Prozesse kennen kann, die die Ökonomie zur langfristigen Position führen, und es keine vorab feststehende, einzig stabile Endposition gibt. Auf die Phillips-Kurve bezogen heißt dies, dass die spezifischen Veränderungen der Löhne und Preise im Übergangsprozess auch die Position der schließlich vertikalen Phillips-Kurve beeinflussen. Praktisch kann z.b. eine steigende Arbeitslosigkeit zu einer Qualifikationsentwertung und nach einiger Zeit zur „Unbrauchbarkeit" führen und die Arbeitskräfte werden dann aus dem Arbeitsangebot ausscheiden.

Einbrüche des Outputs wirken sich bei Hysterese auf den langfristigen Wachstumspfad negativ aus und es gibt insofern, um es zu wiederholen, kein vorab feststehendes natürliches Gleichgewicht. Im LB skeptisch beurteilte fiskalpolitische Impulse können daher (statt fiskalisch angezielter Konsolidierung) geboten erscheinen. Ein realistischer Blick in die Welt müsste alsbald zur Infragestellung liebgewonnener Theoriekonstrukte führen, die LB-Autoren halten aber ohne Hinweise auf die kontroverse Fachdiskussion, an der einer der Verfasser selber beteiligt ist, fest.

Das modifizierte IS-LM-Modell wird im LB auf jeden Fall als Beziehung zwischen Inflation und Produktion um die Phillips-Kurve ergänzt, die in einem eigenen Zusatzquadranten mit der Inflation auf der Ordinate und der Produktion auf der Abszisse und einer ansteigenden PC-Kurve dargestellt wird (BI, S. 285). Es fragt sich einmal mehr, ob angesichts von Globalisierung, Outsourcing usw. eine solche Kurve empirisch als ausreichend stabile Beziehung existiert und ob die Globalisierung nicht zu einem über weite Strecken horizontalen Kurvenverlauf führt.

Zumindest ergibt sich, wie schon erwähnt, hinsichtlich der Annahmen eine Inkonsistenz, da das IS-LM-Modell „eine völlig elastische Anpassung des Angebotes an Nachfrageveränderungen zu konstanten Preisen postuliert (entlang der *IS*-Kurve besteht Gütermarktgleichgewicht). Während danach die gesamtwirtschaftliche Angebotsfunktion in einem *P-Y*-Raum [P: Preisniveau, Y: Volkseinkommen] flach verläuft, impliziert die Phillips-Kurve eine positive Steigung, weil der Kostendruck mit dem Beschäftigungsniveau zunimmt" (Spahn 2016, S. 98). Galbraith und Darity (2005, in Kapitel 13 zum Z-D-Modell) bieten aus postkeynesianischer Sicht eine realistische und auch diagrammatisch leicht verständliche Alternative zum IS-LM-PC-Modell.

„Überhitzung" übt im LB Druck auf die Inflationsrate aus, was sich natürlich bei entsprechend angenommenen Kurvenverläufen diagrammatisch leicht augenscheinlich darstellen lässt. Im Unterschied zu früheren, mit der heutigen Realität kaum übereinstimmenden Verhaltensannahmen (v.a. frühzeitig anziehende Löhne), die zu einer weitgehend vertikalen Phillips-Kurve führten, wird jetzt im LB einmal mehr die Zentralbank in Anschlag gebracht, die den Leitzins bei Inflationsdruck anhebt (BI, S. 289-

290), bis die Produktion auf das Niveau des Produktionspotentials fällt. Konzeptionell recht freizügig wird dieser Gleichgewichtszins mit Wicksells natürlichem Zins in Verbindung gebracht.

Auch der weitere Verlauf des Kapitels zeigt den Aufstieg der EZB zum zentralen Politakteur (BI, S. 292-303), da die Ausführungen stark auf realwirtschaftliche Auswirkungen der Zinspolitik der EZB setzen, nur die Nullzinsgrenze setzt eine Grenze. Den Zins- und Preisniveauanpassungen (bzw. Veränderungen der Inflationsrate) wird hier wie in früheren neoklassischen Modellen viel zugetraut, nur hat man es jetzt mit einer deutlich aktiveren Zentralbank zu tun. Man gewinnt den Eindruck, dass sie zum politischen Hauptakteur aufgestiegen ist und weitgehend an die Stelle der eigentlich durch Wahlen legitimierten politischen Instanzen tritt (weniger kritisch sieht übrigens Truger (2016) nicht nur diese Ausführungen im LB).

Argumenten für eine fiskalpolitische Stimulierung wird dementsprechend kräftig der Wind aus den Segeln genommen, so auch im Folgeunterkapitel zur Haushaltskonsolidierung. Wenn sich angesichts eines externen Schocks die IS-Kurve nach links verschiebt, kann dies auf der PC-Kurve zu einer unerwartet niedrigen Inflationsrate oder sogar Deflation führen, der die Zentralbank mit einer Senkung des Leitzinses begegnet, bis man wieder auf der Zielinflationsrate liegt, was „die Haushaltskonsolidierung nun in attraktiverem Licht erscheinen" lässt (BI, S. 297). Bedenken von Sparpolitiken angesichts des Sparparadoxons und der Implikationen aus dem 45-Grad-Diagramm werden somit entkräftet und der Studierende mag sich fragen, an welchem Modell man sich denn in Krisensituationen orientieren soll.

Hierzu eigentlich überraschend wird der Hysterese-Effekt aufgegriffen (BI, S. 274-275), demgemäß, wie gesehen, eine Rezession auch langfristige Kosten z.B. in Form einer dauerhaft niedrigeren Wachstumsrate haben kann. Sollte dies der Fall sein, wären Fiskal- und Geldpolitik auch langfristig nicht neutral, was aber ansonsten im Text immer behauptet wird. Blanchard hat sich im LB für eine weitgehende Ausklammerung der Diskussion um die wirtschaftspolitischen Folgerungen aus Hysterese entschieden, auch im Gegensatz zu früheren Veröffentlichungen (Blanchard/ Summers 1986).

Zwar findet sich im LB die interessante Aussage, dass die Gefahr bestehe, „dass höhere Arbeitslosigkeit aufgrund von Hysterese-Effekten letztlich auch die natürliche Arbeitslosenquote ansteigen lässt" (BI, S. 275;

siehe Ball 2009). Diese Überlegung spielt aber im weiteren Verlauf überhaupt keine Rolle mehr, Pfadabhängigkeiten haben keine Bedeutung (zu im LB ausgesparten Abwärtsspiralen auch als alternativer Mikrofundierung siehe Cohn 2007, Kapitel 5).

Die Autoren behaupten, unter Wegfall der Nullzinsgrenze könne man ggf. eine restriktive Haushaltspolitik rezessionsneutral mit einer starken Senkung des Zentralbankzinses verbinden (BI, S. 298). Die EZB komme hier mit unkonventionellen Maßnahmen leider an ihre Grenzen, was sich einmal mehr bezweifeln lässt (Helikoptergeld, Direktfinanzierung durch die Notenbank usw.). Hiermit wird ein Negativurteil gefällt über alle Ansätze (einschließlich des ursprünglich keynesianischen), die eine aktive fiskalische Rolle des Staates für möglich halten. Auch der Ansatz, das Wirtschaftsgeschehen als stete Abfolge neuer, exogener Schocks und dann erfolgender Anpassungen zu betrachten, widerspricht der nicht nur keynesianischen Perspektive immanenter Dysfunktionalität des konkurrenzwirtschaftlichen Systems. Die Botschaft des LB lautet einfach: Es gibt realökonomische Gegebenheiten, gegen die Wirtschaftspolitik schlecht ankommen kann; zumindest auf mittlere Frist kommt es sowieso zum bestmöglichen Gleichgewicht.

Aus Raumgründen müssen die Ausführungen zur langen Frist über Wachstum, den Aufbau des Kapitals, technischen Fortschritt, Erwartungen und Konsumnachfrage und Verteilung hier weitestgehend ausgeklammert werden. Es sei nur bemerkt, dass der kritische Stachel der Glücksforschung nicht richtig zur Sprache kommt (und Kahneman konsequent falsch geschrieben wird, siehe BI, S. 318-319). Angesichts ihrer grundsätzlich marktaffinen Ausrichtung ist das Statement für ein generelles Kapitaldeckungsverfahren bei der Rentenversicherung nicht überraschend (BI, S. 348-350).

Steigende Ungleichheit wird durch Innovationen erklärt (neue Technologien kombiniert mit niedrigem Arbeitseinsatz), die aber dann auch der Allgemeinheit zugutekommen, außerdem würden sie die soziale Mobilität (Beispiel Kalifornien) erhöhen. Aber auch der Einfluss eventuell dämpfender Institutionen wird anerkannt (BI, S. 409). Ein besonderes Augenmerk auf Verteilungsfragen ist ihren Ausführungen nicht zu entnehmen.

Kapitel 14 über Finanzmärkte und Erwartungen behandelt neben den üblichen Themen wie Zinsstrukturkurven auch den Aktienmarkt und eine nur leicht eingeschränkte Effizienzmarkthypothese (BI, S. 436). Allerdings wird dann sogleich widersprüchlich behauptet, man könne als Anleger aus der Vergangenheit lernen, auf welche Nachrichten „der Markt" reagiere und hieraus persönlichen Gewinn ziehen (BI, S. 437), was zu einem wirren Durcheinander führt, da dies laut Effizienzmarkthypothese gerade nicht möglich ist. Später wird auch auf *Sudden Stops* und die ‚drastischen Stimmungsumschwünge' im Euroraum hingewiesen, als die Anleger nach 10 Jahren Feuerwerk realisierten, dass die Wachstumsraten vor 2007 nicht nachhaltig waren (BI, S. 551-552, siehe auch BI, S. 579). So wurde, nach diesen Aussagen der Autoren zur Eurokrise, also direkt vor der Haustür die Effizienzmarkthypothese (rationale Verarbeitung aller zugänglichen Informationen) in Frage gestellt.

Ohne dies im LB näher zu plausibilisieren, wird davon ausgegangen, dass falsche Kursbewertungen, die nicht dem Fundamentalwert entsprechen, auf rationalen Kalkülen beruhen und rationale spekulative Blasen darstellen können. Solange die Blase entstehe, handelten Akteure dann rational. Aber es gebe wahrscheinlich auch irrationale Blasen, die auf übertriebenem Optimismus beruhten (BI, S. 440). Richtig unklar ist auch die wirtschaftspolitische Conclusio: Blasenbildung sollte bekämpft werden, aber man könne selten ganz sicher sein, ob eine solche vorliege, und man setze sich bei Dämpfungsmaßnahmen dem Vorwurf des Abwürgens aus. Aber makroprudentielle Regulation, heißt es im nächsten Satz, könne dazu beitragen, prozyklische Kreditvergabe einzuschränken (BI, S. 443). Eine ernsthafte Darstellung der Handlungsoptionen und Wiedergabe der Debatte über makroprudentielle Regulation sähe anders aus. Die Studierenden können aus diesem Kapitel sehr wenig Erkenntnisse über Hintergründe und Handlungsoptionen mitnehmen.

Kapitel 16 behandelt den Zusammenhang zwischen Erwartungen, Wirtschaftsaktivitäten und Politik. Es kommt hier zu einer Neubewertung politischer Handlungsspielräume anhand des IS-LM-Modells. Plötzlich verläuft die IS-Kurve wesentlich steiler, d.h. „(s)elbst ein starker Rückgang des aktuellen Realzinses wird nur einen kleinen Effekt auf das Gleichgewichtseinkommen haben" (BI, S. 485). Dies passiert, wenn die Erwartungen bezüglich des zukünftigen Realzinses unverändert bleiben. Die Wirkung von Geldpolitik hänge daher entscheidend davon ab, wie sie die Erwartungen beeinflusse. Diesen Erwartungen wird aber im direkten Anschluss an Lucas und seine „Revolution" rationaler Erwartungen Rationalität unterstellt, wobei „sorgfältiges Überlegen" mit „rationalen Erwartungen" in eins gesetzt wird, d.h., die starken Hintergrundannahmen des Ansatzes kommen nicht zur Sprache.

So werden zukunftsorientierte Erwartungen durch alle verfügbaren Informationen bestimmt und nicht z.b. durch Keynessche *animal spirits*, also sich schnell umkehrende kaleidische, schwer vorhersehbare und launische Meinungs- und Stimmungsumschwünge, von denen sich die Autoren explizit distanzieren (BI, S. 488). Studierende könnten langsam verzweifeln: Hatten sie anfänglich gedacht, vermittels IS-LM und dem 45-Grad-Diagramm stünden dem Staat gewisse Handlungsmöglichkeiten offen, wurde diese dann durch die natürliche Arbeitslosigkeit schon stark relativiert, und nun kann ihm durch Erwartungen als eigenständige Variable endgültig ein Strich durch die Rechnung gemacht werden.

Es wird im LB womöglich nicht ohne Absicht der Fall ausgelassen, bei dem die Erwartungen darin bestehen, dass der zukünftige Realzins noch weiter sinken dürfte. Das würde die Geld- und Fiskalpolitik noch effektiver machen, der mehr oder weniger latent vertretenen und im Verlauf des LB zunehmenden Politik-Ineffektivitätsthese der Autoren aber widersprechen.

Potentiell idiosynkratische Erwartungen werden im LB als rationale eingefangen und werden durch objektive Informationen geformt. Solchermaßen rationale Erwartungen führen auch bei den Wirkungen des Abbaus eines Budgetdefizits zu neuen Erkenntnissen und zu insgesamt ambivalenten Folgerungen. Es ist jetzt auch möglich, dass eine Stimulierung der privaten Nachfrage durch positive Zukunftserwartungen den Rückgang der Staatsausgaben sofort kompensieren kann (BI, S. 491); nicht erwähnt wird die Möglichkeit, dass sich die Erwartungen durch den Nachfrageausfall von Seiten des Staates noch mehr eintrüben können.

Diese einseitigen Darstellungen im LB können als Legitimation für Spar- bzw. Austeritätsprogramme dienen, wobei die Autoren noch hervorheben, dass der Abbau von „Verzerrungen" (sie führen wieder die Arbeitslosenunterstützung an) besonders geeignet sei, positive Erwartungen anzuregen und dysfunktionale Marktprozesse abzubauen. Hinsichtlich der Eurokrise kann keine Rede davon sein, dass eine solche Konsolidierung ohne ein tiefes Tal der Rezession in den Krisenländern stattgefunden hätte, aber die Autoren können darauf verweisen, dass es z.B. an der Glaubwürdigkeit der Politik der Länder fehlte. Wiederlegen lassen sich solche Gedankenspiele nicht.

Es spricht für die Autoren, dass sie durchaus die kontroverse Diskussion über die Sparprogramme in Europa ansprechen und auch dass v.a. im Falle Griechenlands die negativen Fiskalmultiplikatoren wesentlich höher waren als bei der Erstellung der Wachstumsprognosen erwartet worden war. Die negativen Nachfrageeffekte konnten die – die Nachfrage fördernden – positiven Erwartungseffekte nicht kompensieren (BI, S. 495). Dieses Eingeständnis ehrt die Autoren, aber es frustriert die Studierenden sicher etwas, da sie nicht erfahren, was aus alledem nun schlussendlich folgt.

Ab Kapitel 17 geht es um „offene" Güter- und Finanzmärkte. Es fällt bei der Beschreibung der Autoren ein gewisses *Framing* auf, da offenen Güter-, Finanz- und Faktormärkten „Handelsbeschränkungen" entgegengesetzt werden (BI, S. 504), d.h., die Wortwahl impliziert schon eine gewisse Positiv-negativ-Bewertung (Offenheit vs. Beschränkungen). Überhaupt ist anzumerken, dass gerade zuletzt vermehrt diskutierte Schattenseiten oder Übertreibungen des Freihandels im Text überhaupt nicht angesprochen werden (Stiglitz 2002; Rodrik 2011 und 2018).

Die Autoren behandeln nur die orthodoxe internationale Handelstheorie. Unter den Tisch fallen bei ihnen Themen wie die Kosten von Anpassungen, Einkommensungleichheiten und die Perspektive der Gewinner *und* Verlierer des Freihandels, die Bedeutung multinationaler Konzerne, die Frage der *terms of trade,* die eventuelle Unterminierung des sozialen Zusammenhalts durch weltweite Arbeitsteilung, Umweltexternalitäten, zunehmende Skalenerträge, unvollkommener Wettbewerb, Optimalzölle, die Geschichte der Handelsvereinbarungen, Immigration, der steuerliche *race to the bottom* und die zunehmend impotenten Staaten wegen mangelnder Politikkoordination, *hot money* und Spekulation auf den internationalen Finanzmärkten, die tatsächliche, protektionistische Handelspolitik nicht nur der USA im 19. und 20. Jahrhundert, eine eher holistische Perspektive mit Blick auf das Kolonialsystem oder den Merkantilismus und eventuelle Vorteile einer gelenkten Industrialisierung, die problematischen Folgen der Deregulierung der Finanzmärkte und ein Überblick über die sich häufenden Finanzkrisen (zu ähnlichen Schwächen in anderen LB siehe Pienkos 1996 und vorbildlich Berg 2012 und vor allem aus heterodoxer Sicht mit zahlreichen analytischen und wirtschaftspolitischen Alternativvorschlägen Cohn 2007, Kapitel 14; zu den Vor- und Nachteilen von fixen und flexiblen Wechselkursen aus einer weniger ideologischen Mainstream-Perspektive siehe Pugel 2016).

Die deutsche Exportweltmeisterschaft wird notiert, aber saldenmechanische Hinweise zu den Folgen und Nebenwirkungen und das sinnvolle Ziel eines Außenhandelsgleichgewichts sowie die Debatte um mangelnde inländische Investitionen, z.B. in die Infrastruktur, fehlen (BI, S. 506-507). Blanchard und Illing erwähnen das Gesetz des einen Preises und die häufig nicht erfüllte Kaufkraftparität, schuld seien Handelsbarrieren und die Tatsache, dass nicht alle Güter handelbar und kurzfristig viele Preise starr seien (BI, S. 515). Zum Big-Mac-Index werden die enormen Preisunterschiede für das Produkt in verschiedenen Ländern angeführt, er sei aber dennoch ein erstaunlich zuverlässiger Indikator für eine Unter- oder Überbewertung einer Währung.

Diese Aussagen klingen widersprüchlich und die Aussage zum zuverlässigen Indikator kann bezweifelt werden. Die am Warenaustausch gemessen unglaublich hohen täglichen Transaktionsvolumina an den Devisenmärkten und die oft erheblichen Kursvolatilitäten der Währungen werden von den Autoren in keiner Weise mit Spekulation in Verbindung gebracht, es wird vielmehr nur ohne nähere Ausführungen trocken bemerkt, hierfür sei der Kauf und Verkauf von Wertpapieren verantwortlich (BI, S. 516).

Standardgemäß werden im Kapitel die üblichen Themen wie die Beschreibung der Zahlungsbilanz und die (un)gedeckte Zinsparität usw. abgehandelt. Die denkbaren Probleme offener Finanzmärkte und Vorschläge zu einer institutionellen Einhegung von Zahlungsbilanzungleichgewichten (z.B. Keynes' Vorschläge und ebenso neuere zu einer Clearing Union) werden mit keinem Wort angerissen (auch nicht auf den Seiten 558-559, wo die Frage von den Autoren selbst kurz gestellt wird). Nur gelegentlich wird die Problematik hoher Überschüsse angetippt, allerdings ohne weiterführende Überlegungen, z.B. in einer Box über Ausführungen zu abrupten Umschwüngen von Kapitalströmen (*Sudden Stops*, siehe BI, S. 551-552).

Mit einigem Aufwand werden in Kapitel 18 anhand des 45-Grad-Diagramms die Auswirkungen von Im- und Exporten auf den Multiplikator diskutiert. Über Macht- und Herrschaftsverhältnisse im internationalen Handel und die Vorteilssituation der USA durch den Dollar als Weltreservewährung (siehe die Bemerkungen zu Handelsbilanzdefiziten auf Seite 544) wird kein Wort verloren. Da durch die Außenhandelsverflechtungen länderspezifische Fiskalimpulse dank hoher Importquoten verpuffen können, wäre – nicht zuletzt in der EU – eine koordinierte Wirtschaftspolitik hilfreich. Anstatt über Wege zu einer Koordination nachzudenken und entsprechende Vorschläge zu unterbreiten, sehen die Autoren die Politik nur aus der Sicht eines spieltheoretischen Nationalegoisten.

„Länder haben einen großen Anreiz, zunächst zu versprechen, ihre Wirtschaftspolitik zu koordinieren, sie werden sich dann aber in der Regel nicht an ihr Versprechen halten [... sodass] am Ende die Koordination kläglich im Sande verläuft" (BI, S. 545). Auch gehen die Autoren entscheidenden Fragen aus dem Weg, z.b. bezüglich der Auswirkungen einer Abwertung, die für einige kriselnde Euro-Länder als temporärer Austritt zwecks Erholung vorgeschlagen wird. Hier wäre es interessant zu wissen, ob im Zeitalter offener Märkte und bei Gelten der Binnenmarktfreiheiten eine Abwertung tatsächlich die erhofften Stoßdämpfer- und Genesungseffekte entfalten kann.

Die Verfasser entziehen sich der Frage durch die Bemerkung, ohne Kooperation würde eine einseitige Abwertung nur zu wechselseitigen Abwertungsspiralen führen (BI, S. 549), was zwar auch ein Problem ist, aber ein anderes (Kapitel 18.4.3 gibt auf die hier gestellte Frage keine Antwort). Im Falle einiger Entwicklungs- und Schwellenländer zeigte sich, dass Abwertungen keine expansiven Effekte auslösten.

Hinsichtlich der Eurokrise nehmen Blanchard und Illing immer die Sichtweise des EU-Politestablishments ein: „Der *einzige* Weg dazu bestand in einem Rückgang von Löhnen und Preisen. Das hat sich als sehr langsam und schmerzhaft erwiesen" (BI, S. 552, kursiv hinzugefügt). Diese Aussage wird mit der scheinkritischen Ansicht verpackt, dass der tatsächliche Abbau dieser Defizite eine schlechte Nachricht sei, da die Produktion dieser Länder deutlich unter ihrem Produktionspotential bliebe. War dann der einzige Weg doch nicht der zu empfehlende? Wieder einmal könnten die Studierenden sich fragen, was diesbezüglich als wissenschaftlich gesicherte Quintessenz gelten kann. Hängen bleibt aber sicher, dass es primär nur über „Reformen" des Arbeitsmarktes und über Lohnsenkungen gehen kann.

Kapitel 19 erläutert neben dem Mundell-Fleming-Modell und den Wirkungen von Geld- und Fiskalpolitik in offenen Volkswirtschaften das Gleichgewicht auf den Finanzmärkten in üblicher Weise. Die Ausführungen sind rein formal und setzen rationale Akteure voraus, alles entspricht der „ökonomischen Logik" (steigende Zinsen verursachen höhere Kapitalimporte usw.). Finanzkrisen, die sich schließlich in den letzten Jahrzehnten häuften, tauchen nicht auf, stattdessen werden Finanzmarktgleichgewichte abgeleitet (BI, S. 574-584).

Eine erstaunliche Einseitigkeit liegt bei der kurzen Diskussion fester Wechselkurse vor (BI, S. 585-588), immerhin erlebten die Mitgliedsländer im Bretton-Woods-System über mehrere Jahrzehnte enorme Wachstumsraten trotz der „Beschränkungen" dieses stufenflexiblen Fixkurssystems. Den Autoren fallen nur negative Seiten zu Fixkurssystemen ein, sie heben nur den Verlust einer autonomen Geldpolitik und das Entfallen der Kontrolle des Zinssatzes hervor (die Tobin-Steuer als gewisse Gegenmaßnahme zu diesen Verlusten wird nicht erwähnt).

In einer Box wird kurz auf das EWS eingegangen, das neuerdings wieder von einigen, v.a. heterodoxen Ökonomen als flexiblere Alternative zum Euro angedacht wird und nach ihrer Ansicht als flexiblere Alternative zum womöglich scheiternden Euro Aufmerksamkeit verdiene (BI, S. 587-588). Leider machen es sich die Autoren recht einfach, da sie die Ereignisse seit der Wiedervereinigung nacherzählen, nicht jedoch der schwierigen Frage nachgehen, ob das stabilitätsorientierte Deutschland im EWS die Führungsrolle übernahm, weil diese Rolle in einem solchen System zwangsläufig auf das preisstabilste Land übergeht. Oder verdankt es sich den damaligen Ansichten und Verhaltensweisen Frankreichs und Italiens, die das deutsche „Stabilitätsdogma" akzeptierten, da das Paritätengitter ein gewogener Durchschnitt der einzelnen Währungen ist. Hätte sich somit bei anderen Prioritäten die D-Mark anpassen müssen?

Kapitel 20 vertieft die Überlegungen zu den Wechselkursregimen (zur Kritik der Wechselkurstheorie von Blanchard und Illing und die Palette zwar dem Mainstream verpflichteter, aber sich teils deutlich widersprechender Erklärungen siehe auch Priewe 2017). In der mittleren Frist laufen fixe oder flexible Regime auf die gleiche reale Produktionsmenge hinaus, bei fixen z.B. über Anpassungen des realen Wechselkurses vermittels Senkung der inländischen Löhne und Preise oder, wenn nötig, über beherzte Abwertungen, die aber bei einer Ankündigung zu Kapitalabflüssen führen können.

Blanchards und Illings Annahme des längerfristig gleichen Ergebnisses der Wechselkursregime setzt voraus, dass man die potentiell destabilisierenden Wirkungen heftiger Wechselkursschwankungen bei einem Flexkursregime ausschließt, da diese sich negativ auf die Produktion auswirken können und solche Schwankungen in einem Fixkursregime ggf. nicht aufträten.

Schließlich wiederholen die Autoren noch einmal ihre Ansicht, dass flexible Wechselkurse den festen eindeutig überlegen seien. „Dies scheint auch der Konsens zu sein, der sich unter Ökonomen und Wirtschaftspolitikern herausgebildet hat" (BI, S. 611). Es spricht für die Autoren, die enttäuschte Erwartung vieler erwähnen, dass flexible Wechselkurse nicht zu starken Kursschwankungen führen.

Natürlich entsteht die Frage, warum man sich in Europa mit dem Euro für ein ultrafixes Regime entschieden hat, da das Eurosystem ein Fixkursregime ohne Abwertungsmöglichkeit ist. Die politökonomische Debatte um den Euro wird leider nicht rekapituliert. Jenseits der Mundellschen Überlegungen zu optimalen Währungsräumen ging es aus einer marktliberalen Sicht doch nicht zuletzt von deutscher Seite aus darum, den Euro für alle Mitglieder praktisch zu einer Fremdwährung zu machen, da kein Land auf eigene Rechnung Zugriff auf den Euro haben und die EZB kein *lender of last resort* sein sollte. So sollte Budgetdisziplin hergestellt werden, was in der Literatur gerne als *original sin* bezeichnet wird. Die ökonomisch sehr interessanten und bildsamen vielfältigen Hintergrundreflexionen zur Euroeinführung werden den Studierenden leider vorenthalten.

„Ein Land, das sich für flexible Wechselkurse entscheidet, muss die Tatsache akzeptieren, dass es im Zeitablauf großen Schwankungen des Wechselkurses ausgesetzt sein wird" (BI, S. 610). Die Aussage allerdings, dass diese Schwankungen durch die rationalen Reaktionen der Finanzmärkte auf Neuigkeiten über zukünftige Zinssätze und zukünftige Wechselkurse zu erklären sind, ist hinsichtlich der zu unterstellenden Rationalitätsannahme mit einem Fragezeichen zu versehen. (Kurzfristigen) Spekulationswellen, Pfadabhängigkeiten usw. kommt in ihrer Darlegung überhaupt keine Rolle zu (als sehr gut informierte, komplexe und realitätsnahe Darstellung zu den vieldimensionalen Determinanten von Wechselkursentwicklungen siehe Harvey 2009).

Blanchard und Illing sehen die hohen Kosten der Anpassung des realen Wechselkurses in einigen Euroländern und meinen, „(e)ine drastische Abwertung hätte ihnen geholfen, die Nachfrage zu stimulieren und die Leistungsbilanz zu verbessern" (BI, S. 613). Diese These wird von einigen Ökonomen vertreten, aber es gibt, wie schon erwähnt, andere, die bezweifeln, dass eine bloße Abwertung solch segensreiche Wirkungen entfalten könnte. Darauf weisen die Autoren allerdings nicht hin.

Die Austrittsgefahr habe zu abrupten Kapitalabflüssen und teilweise zu „schlechten Gleichgewichten" geführt. Leider gehen die Autoren mit keinem Wort auf in diese Richtung weisende theoretische Alternativmodelle zur neuklassischen Ausrichtung der Makroökonomie ein, etwa Diamonds Kokosnuss-Modell mit einem guten und einem schlechten

Gleichgewicht, Howitts Suchexternalitäten- oder Roberts Koordinationsfehlermodell (Vroey 2016, Kapitel 14). Sie hätten zu anderen wirtschaftspolitischen Folgerungen als der im LB vertretenen Politikineffektivitätsthese geführt.

Die sehr plurale und facettenreiche Reformmaßnahmendebatte zum Euro wird nicht vorgestellt, am Ende wird nur bemerkt, dass mit der Bankenunion und Schritten zu einer Fiskalunion versucht werde, diese Probleme zu beheben. Eine fundierte Kenntnis der verschiedenen, auch von den Basishypothesen der Denkschulen abhängenden Positionen zu nötigen Reformschritten erlangen die Studierenden durch dieses Kapitel nicht.

Kapitel 21 trägt die nicht selbstverständliche Überschrift „Sollten Politiker in ihrer Entscheidungsfreiheit beschränkt werden?". Ihre Antwort lautet: Ja, definitiv! Das Kapitel ist ein Tiefpunkt des Buches, die Autoren lassen ihrer persönlichen Meinung freien Lauf und ihre Ausführungen sind wenig analytisch. Bisher aufgestellte einfachere Zusammenhänge (IS-LM-Modellempfehlungen in der kurzen Frist, siehe z.B. die Bemerkungen zu dessen solider Basis auf Seite 167) werden jetzt zunehmend in Frage gestellt.

Die Autoren behaupten, es stünden immer lauter werdende Forderungen (von wem?) im Raum, die Entscheidungsfreiheit von Politikern zu beschränken. Dass mit ihren Überlegungen und Forderungen von einer anderen Seite her die Grundlagen der Demokratie in Frage gestellt werden, kommt den Autoren nicht in den Sinn (siehe zu diesem Zusammenhang Kuttner 2018). Die Politik der EZB wird als gutes Beispiel dafür angeführt, dass sich die Unabhängigkeit von staatlichen Interventionen auszahle.

Allerdings spielt die EZB, worauf bereits mehrfach kritisch hingewiesen wurde, heute die eigentlich nicht vorgesehene Rolle eines Politik-Ersatzakteurs, der recht unkonventionelle Maßnahmen vornimmt (OMT, QE, Vollzuteilung, Sperrung des griechischen Bargeldbezuges usw.). Hiermit fällt sie politische Entscheidungen und entscheidet ebenso über das Wohl und Wehe von Ländern und Bevölkerungsgruppen mit erheblichen Verteilungseffekten, die eigentlich Parlamenten vorbehalten sein sollten und die deutlich über das für sie vorgesehene Mandat (auch im Rahmen der Troika) hinausgehen.

Insbesondere prinzipientreue Marktwirtschaftler beklagen, dass wir uns mittlerweile in einem System „monetärer Zentralverwaltungswirtschaft" befinden, da durch die Aktionen der EZB eine massive Manipulation und Verzerrung der Preise an den Finanzmärkten erfolgt (Mayer 2014). Auch lässt sich die „Unabhängigkeit" der Mitglieder des EZB-Rates bezweifeln, die von nationalen Regierungen bestellt werden und wohl nicht selten Positionen einnehmen, die nicht im Widerspruch zur Interessenlage ihres Heimatlandes stehen. Hat man mit Mario Draghi, der vorher bei Goldman Sachs tätig war, einen neutralen Sachwalter an erster Stelle stehen?

„Wer wenig weiß, sollte auch wenig tun" (BI, S. 628). Das gilt in einer komplexen Welt eigentlich für fast alle wirtschaftlichen Akteure, aber die Autoren beziehen diese Weisheit nur auf die politische Sphäre. Zum Containment politischen Einflusses schütten die Autoren Asche auf das Haupt der komplexen Makromodelle (denen sie früher noch mehr zutrauten, siehe z.B. BI, S. 99), die gelegentlich trotz gleicher Modellierung zu ausgesprochen unterschiedlichen Politikempfehlungen gelangen. Es bestehe einfach eine substanzielle Unsicherheit über eintretende Effekte, daher sollten die Entscheidungsträger sich eher zurückhalten (BI, S. 630).

Es wird nicht erörtert, ob die vorliegenden, komplexen Makromodelle (IS-LM-PC-Versionen) nicht auch methodologisch gesehen ein Irrweg sind und sich so ihre wenig hilfreichen Unterschiede in den Politikempfehlungen erklären. Andere Herangehensweisen, die vielleicht sinnvoller wären, werden von den Verfassern ausgeklammert (zur zwangsläufigen Schwäche immer komplexerer Modelle siehe Thornton 2017, S. 27-28). Ob sich die EZB bei ihren Entscheidungen tatsächlich von solchen Makromodellen, wie sie das LB in Ansätzen vorstellt, leiten lässt (BI, S. 629), kann bezweifelt werden. In ihrem skeptischen Beispiel geht es um die situativ richtige Setzung des Leitzinses. Da man schlecht ganz auf den EZB-Leitzins verzichten kann, fragt sich aber doch, an was er dann ausgerichtet werden soll. In ihrer Politikabstinenzthese geraten die Autoren hier etwas in Widerspruch zu ihrer sonstigen Prohaltung zur Politik der EZB nach der Finanzkrise.

Die Politik soll sich also so weit wie möglich zurückhalten, Ausnahmen sind Krisenzeiten wie seit 2007 (BI, S. 631), d.h., bei Beinbrüchen des Konkurrenzsystems ist die Politik als Feuerwehr gefragt. Tatsächlich zahlte hierbei in den letzten Jahrzehnten immer der Steuerzahler die Zeche, was bei den Autoren nicht problematisiert wird. Auch schreiben wir mittlerweile das Jahr 2018 und die unkonventionelle EZB-Feuerwehr ist nach wie vor unterwegs.

Angesichts der fundamentalen Unsicherheit, die aus Blanchards und Illings bisherigen Modellen (außer ihren letztlich wenig aufschlussreichen Ausführungen zu Erwartungen) nicht hervorging, da diese auf hydraulisch-maschinellen Zusammenhängen basierten (obwohl sie jetzt plötzlich die Maschine als Metapher ablehnen, BI, S. 632), wäre es eine nach Meinung des Verfassers dieser Zeilen konstruktivere Fragestellung, über mögliche Maßnahmen z.b. makroprudentieller Regulation nachzudenken.

Wenn man nicht genau weiß, in welche Richtung sich dynamisch-evolutive Marktwirtschaften entwickeln und wo die nächsten Gefahren lauern, böten sich z.b. als generelle Vorsichtsmaßnahme drastisch höhere Eigenkapitalanforderungen an (z.B. eine *leverage ratio* von 25 Prozent) und die nicht naturgegeben komplexen Finanzmärkte könnte man u.a. durch eine Finanztransaktionssteuer schrumpfen, die auch das Algotrading und das Derivatevolumen (selbst bei einem sehr geringen Steuersatz, wenn er sich auf den Nennwert der Transaktionen bezieht) relevant ausbremsen würde. Auch könnte man überlegen, was eigentlich gegen eine Haltedauer von einem Tag spräche, die einer Revolution gleichkäme?

Von solchen und anderen Reformvorschlägen erfahren die Studierenden überhaupt nichts. Nur die einseitig politiknegativistische Position von Public Choice wird konsequent entfaltet, gemischt mit spieltheoretischem Vokabular, das reale Interessenkämpfe durch Abstraktion ausblendet (zur generellen antistaatlichen Grundhaltung in der Volkswirtschaftslehre siehe Sekera 2018).

Aus dem Phänomen der Zeitinkonsistenz leiten die Autoren ohne größeren logischen Zusammenhang ab, die Politik solle gar nicht erst versuchen, die Arbeitslosigkeit unter die natürliche Rate zu senken (BI, S. 635). Zwar stellte sich zuvor heraus, dass man trotz Verwendung gleicher Modelle nicht den richtigen Leitzins ermitteln könne, aber in Bezug auf die „natürliche" Rate der Arbeitslosigkeit scheint dieses Problem nicht zu bestehen (dann aber auf Seite 646 verwirrenderweise doch), obwohl diese – auch nach Ansicht der Autoren – ein kompliziertes, nicht direkt beobachtbares Konstrukt ist.

Sie fordern jedenfalls „konservative Zentralbanker", die nicht bereit sind, mehr Inflation im Austausch gegen weniger Arbeitslosigkeit zu akzeptieren (BI, S. 637). Solche Aussagen wurden aus früheren Auflagen übernommen, obwohl das momentane offizielle Ziel der Notenbanker darin besteht, angemessene Inflation hervorzurufen (Blanchard forderte nach der Finanzkrise bekanntlich vier Prozent). Das Lob der konservativunabhängigen Zentralbanker müsste eigentlich dadurch etwas relativiert werden, dass sie die Finanzkrise mit verursacht haben, indem sie bei den Hauptrefinanzierungsgeschäften über ein halbes Jahrzehnt eigentlich angemessene Bewertungsabschläge (*haircuts*) auf die hinterlegten Sicherheiten (*collaterals*) nicht erhoben haben und indem sie den aufgehübschten Urteilen der Ratingagenturen vertrauten und z.b. griechische Staatsanleihen nicht frühzeitig mit Abschlägen versahen, was in wenigen Minuten zu erhöhten Zinsen auf griechische Staatsanleihen geführt hätte.

Abschließend fordern Blanchard und Illing ausgeglichene Staatshaushalte und dass die Staaten Überschüsse erwirtschaften sollen (BI, S. 646). Dass dies saldenmechanisch gesehen nur geht, wenn sich ein anderer Sektor verschuldet oder entsprechende Exportüberschüsse erzielt werden, wird mit keinem Wort erwähnt (siehe Schmidt 2017 als Beispiel für eine auch didaktisch gelungene Einführung in die Saldenmechanik). Es wundert kaum, dass auf ihre konservativ-liberalistische Sicht die Literaturempfehlung eines Buches von Buchanan und Wagner folgt (BI, S. 651).

Im Grunde vertreten die Autoren, wenngleich mit neuen Versatzstücken, die gleiche marktapologetische Sicht, gegen die sich Keynes mit seinem Hauptwerk 1936 wandte, nur ergänzt durch die Rolle der Zentralbank als Ausputzer in der Not und kreativem Akteur zur Herbeiführung guter Gleichgewichte (siehe BI, S. 674 zu Draghis OMT-Versprechen), angereichert durch Einsprengsel aus Neuklassik, Neukeynesianismus, Monetarismus und angebotsökonomischen Elementen.

Kapitel 17 soll eine Zusammenfassung zur Fiskalpolitik sein, es handelt sich aber unverblümt um den Entwurf der von den Autoren gewünschten Politik und im Grunde um einen regelrecht neuen Anlauf, da viele Ergebnisse der Politikoptionen, die sich v.a. in der kurzen Frist ergaben, jetzt erneut aus anderen Perspektiven in Frage gestellt werden. In längeren formalen Ausführungen berechnen Blanchard und Illing die staatlichen Budgetrestriktionen und die Arithmetik der Schuldenquote, ohne allerdings die Möglichkeit der Direktfinanzierung durch eine Zentralbank, die schließlich das institutionelle Produkt staatlichen Handelns ist, ins Auge zu fassen. Die Autoren beklagen die weltweit hohen Verschuldungsgrade, allerdings nur die Staatsverschuldungen. Die exorbitanten Privatverschuldungsquoten finden überhaupt keine Erwähnung, geschweige denn Erklärungen dafür (z.B. als Kompensation für fehlende reale Einkommenserhöhungen).

Die Finanzkrise zeige, dass niedrige Schuldenquoten anzustreben seien, um über fiskalischen Spielraum bei zukünftigen (Finanz-)Krisen verfügen zu können (BI, S. 663). Schocks sind demnach weitgehend unvermeidliche Quasi-Naturereignisse, die nicht durch Bankpleiten, Schuldenschnitte, Sondersteuern auf Vermögen usw. bereinigt oder denen durch ein Vollgeldsystem vorgebeugt werden könnte, sondern – wie in den letzten Jahren üblich – über Ausgaben des Staatshaushalts kollektiviert werden.

Zur Ricardianischen Äquivalenz fahren die Autoren einen Schlingerkurs: Zwar muss der Barwert der zukünftigen Steuererhöhungen letztlich immer gleich der Steuersenkung sein, aber je weiter die kompensierenden Steuererhöhungen in der Zukunft liegen, desto wahrscheinlicher werden die Konsumenten diese Belastungen gegenwärtig nicht berücksichtigen (BI, S. 665-667). Woher aber wissen die Konsumenten oder die Politiker, wann solche Steuererhöhungen erfolgen werden? So können die Verfasser zumindest an der Nichtneutralität von Budgetdefiziten festhalten. Ohne nähere Erläuterung wird dann extrapoliert: „In der langen Frist führt eine höhere Staatsverschuldung zu einer geringeren Kapitalakkumulation und, als Ergebnis, zu einer niedrigeren Produktion" (BI, S. 667).

Dann geben sie, wieder der momentanen EU-Philosophie entsprechend, als Marschroute aus, dass Defizite in Rezessionen durch Überschüsse in Boomphasen auszugleichen seien. Eine recht skurrile Passage betrifft Kriege und Defizite. Hatte Ricardo sich für eine unmittelbare Steuerfinanzierung ausgesprochen, so dass die Kosten unmittelbar spürbar sind, was die Länge von Kriegen verkürze, so argumentieren die LB-Verfasser, dass eine Defizitfinanzierung die Kapitalakkumulation reduziere, dadurch „werden Defizite zu einer Möglichkeit, einen Teil der Kriegslast an zukünftige Generationen weiterzugeben" (BI, S. 669). Gilt dieses Argument auch prinzipiell für die Finanzierung des II. Weltkrieges, was die heutigen jüngeren deutschen Generationen betrifft? Auch trügen defizitfinanzierte Kriegsausgaben dazu bei, Steuerverzerrungen zu reduzieren.

Wenn Kriege dann eines Tages durch Steuereinnahmen zu finanzieren sind, bestehen diese Verzerrungen dann nicht dennoch, nur später? Oder wollen die Autoren den Leser hier etwa dazu bringen, wegen ihrer fadenscheinigen Argumentation noch stärker gegen Defizite eingestellt zu sein, weil die Leser den Autoren dieses Scheinargument nicht abkaufen?

Im Folgenden wird bei der Ablehnung staatlicher Defizite noch einmal durch den Verweis auf die Wahrscheinlichkeit schlechter Gleichgewichte (Kapitalflucht), die Überalterung der Bevölkerung und die steigenden Kosten im Gesundheitswesen nachgelegt. Budgetüberschüsse seien für ein sicheres Morgen notwendig. Es wird der privaten Altersvorsorge das Wort geredet. Die kontroverse wissenschaftliche Diskussion zu diesen Fragen bis weit hinein in den Mainstream wird nicht abgebildet.

Schuldenschnitte werden konsequent einseitig negativ konnotiert (BI, S. 676). Die Behauptung, die Länder würden große Probleme haben, „jemals wieder Kredite aufzunehmen" (BI, S. 676), ist eine unzutreffende, völlig übertriebene Aussage, die weder für Argentinien stimmt, noch nach der Asienkrise auf Malaysia zutraf oder gegenwärtig für Griechenland gilt.

Auch die Direktfinanzierung und Entschuldung durch die Notenbank ist bereits in der Wortwahl ausgesprochen tendenziös, vom „Anwerfen der Druckerpresse" und einer „gezwungenen" Zentralbank ist die Rede. Unsachlich wird gegen Entschuldung durch Gelddrucken argumentiert. Es wird ein recht extremes Beispiel gewählt, nämlich eine Behebung des Defizits von 10 Prozent des realen Einkommens auf einen Streich. Dies führe dann recht wahrscheinlich zur Hyperinflation. Gegenmaßnahmen der Zentralbank durch Ausgabe von Wertpapieren zur Senkung des Geldmengenwachstums werden nicht erwogen.

Der Frage, inwiefern und ob nicht ein Teil der Staatsausgaben über die Notenbank finanziert werden könnte, wird so aus dem Weg gegangen. Generell wird der Staat im LB in seiner Rolle als Investor nur strukturkonservativ und nicht als innovierender Weichensteller vorgestellt, weil er zwar (kurzfristig) mehr oder minder wirkungsvoll die Nachfrage erhöhen mag, aber hiermit keine zukunftsorientierten Ziele und Lenkungswirkungen z.B. für einen „Green New Deal" verfolgt werden. Tatsächlich war der Staat in fast allen heute entwickelten Ländern als oft übersehene gestaltende Kraft tätig (Mazzucato 2014).

Was empfehlen die Autoren den hoch verschuldeten Eurostaaten? „Die simple Antwort lautet: Es gibt keine einfache Lösung" (BI, S. 678). Das ist eine zutreffende, aber als Konklusion nach vielen hundert Seiten „Theorie" doch recht ernüchternde Antwort. Die weiterführende Literatur gibt nicht den Stand der entsprechenden Fachdiskussion wieder, sondern umfasst ausschließlich Beiträge zur Frage, wie man Hyperinflationen stoppen kann.

Kapitel 23 soll eine Zusammenfassung zur Geldpolitik darstellen. Wenig überraschend sollen Zentralbanken primär für stabile, niedrige Inflationsraten vermittels einer Zinsregel sorgen (BI, S. 688). Es wird gefragt, ob sie auch für die Vermögenspreis- und Aktienkursentwicklung und Risiken im Finanzsektor zuständig sein sollten. Ganz zutreffend wird belegt, dass zwischen Geldmengenwachstum von M1 oder M3 und Inflation heute kein enger Zusammenhang besteht und angesichts von Unsicherheiten auf den Finanzmärkten eine rigide Geldmengenpolitik zu sehr schwankenden Zinssätzen führen könnte. Die These, Nachfrageschocks auf Geld- und Finanzmärkten würden durch eine Zinssteuerung automatisch stabilisiert, bedürfte wohl der Relativierung.

Die Aussage, die Zentralbank stelle bei Zinssteuerung „zu dem von ihr festgelegten Zinssatz beliebig viel Liquidität bereit" (BI, S. 696), trifft praktisch zu. Theoretisch könnte die Zentralbank z.b. über die Anforderungen an die Qualität der zu hinterlegenden Sicherheiten (indirekt) eine auch quantitative Beschränkungspolitik verfolgen, deren eventuelle Folgen zu diskutieren wären (erinnert sei an die restriktive Geldpolitik unter FED-Chairman Paul Volcker).

Die Autoren plädieren für die Taylor-Regel, bei der neben der Inflation auch Rücksicht auf das volkswirtschaftliche Produktionsvolumen zu nehmen sei, was nicht ganz mit der später beschriebenen Strategie der zwei Säulen der EZB übereinstimmt, bei der es nur um zwei unterschiedliche Berechnungsformen zur Einhaltung der geringen Inflationsrate geht. Die offizielle Politik der EZB wird gerafft referiert, aber nicht kritisch durchleuchtet (BI, S. 705-711). Risiken und Nebenwirkungen der ultraexpansiven Geldpolitik und der unkonventionellen Maßnahmen werden kurz erwähnt, aber nicht vertieft (BI, S. 711).

Die zwei Seiten zur makroprudentiellen Regulation nehmen zunächst die EZB gegen den Vorwurf in Schutz, sie sei im Vorfeld der sich zusammenbrauenden Finanzkrise inaktiv gewesen: Man wollte das Wirtschaftswachstum nicht beeinträchtigen usw. Aber an dieser Stelle sprechen sich die Autoren für ein Gegen-den-Wind-Lehnen aus (BI, S. 712). Sie erwähnen nachfolgend kurz Beleihungslimits bei Hypothekenkrediten und die Begrenzung von Fremdwährungskrediten. Ferner wird auf die „Verschärfungen" der Eigenkapitalanforderungen bei Banken im Zuge von Basel III lobend hingewiesen. Sie werden für ausreichend gehalten, nach Meinung des Verfassers dieser Zeilen sind sie viel zu gering (ungewichtet sind nur maximal drei bis fünf Prozent vorgesehen).

Auch Kapitalverkehrskontrollen seien denkbar, aber ihre Durchsetzbarkeit sei umstritten. Der kritische wissenschaftliche Diskurs zu Variablen und Problemen makroprudentieller Regulation wird hiermit nur sehr

Kapitel 2: Blanchards und Illings *Makroökonomie*

rudimentär gestreift und gibt Studierenden keinen Einblick in die offizielle, geschweige denn in die plural-heterodoxe und zivilgesellschaftliche Diskussionslandschaft.

Die Abschlussworte zur Finanzkrise am Ende des LB, im dogmenhistorischen Kapitel 24, fallen sehr zaghaft und unverbindlich aus. Die Finanzkrise wird als intellektuelles Versagen der Makroökonomie bezeichnet, dann folgt aber die Bemerkung, einige Ökonomen hätten die Krise doch vorausgesehen und die meisten Theorieelemente zum Verständnis der Krise seien vorher bereits vorhanden gewesen. „Nach fünf Jahren in der Liquiditätsfalle ist klar geworden, dass der übliche Anpassungsmechanismus mit Hilfe von Zinssenkungen außer Kraft gesetzt ist. Es ist auch klar, dass die verfügbaren Optionen – egal ob für Geld- oder Fiskalpolitik – begrenzter sind, als man früher dachte. Wenn es einen Konsens gibt, dann die Überzeugung, dass der Anpassungsprozess zwar im Fall kleiner Schocks und unter normalen Bedingungen funktioniert; dass er dagegen bei außergewöhnlich großen Schocks versagt und der Spielraum für Politik dann begrenzt ist. Es kann lange dauern, bis sich die Wirtschaft von selbst erholt" (BI, S. 732).

Im Klartext: Crashs sind möglich und schlagen voll durch, die Politik kann aber nur sehr begrenzt etwas dagegen unternehmen und für die Bevölkerung und den Steuerzahler heißt es, eventuell längere Zeit die Zähne zusammenzubeißen. Das ist eine recht lapidare Botschaft an den zum Bürgen geschrumpften Bürger und an Studierende, die sich über viele hundert Seiten durch das LB kämpften. Das hasenfüßige Fazit ist auch nicht überraschend, da sich wesentliche Reformvorschläge zu den Finanzmärkten nicht „auf dem Schirm" der Verfasser befinden. Hierzu zählen: eine Entflechtung der Megabanken, eine Vollgeldreform, ein Trennbankensystem, die Schrumpfung des Finanzsektors, Verbote z.B. von Leerverkäufen und Kreditausfallversicherungen (CDS), eine Finanztransaktionssteuer, eine 30-prozentige *leverage ratio* und vieles mehr. Die Studierenden werden durch dieses LB auf den vorherrschenden pragmatisch-strukturkonservativen Krisenmodus eingeschworen.

Angesichts der „theoretischen" Konzeption des LB kann es auch nur einen seichten Abschluss mit Bemerkungen zu den Finanzmärkten geben: Durch die Einteilung in die kurze, mittlere und lange Frist beteiligen sich die Verfasser an der neuen Restauration des Mainstreams, der sich durch die Betonung der unvermeidlichen Markttendenzen in Richtung der langen Frist auszeichnet. „Since long-run equilibrium presupposes *full [or natural] employment* and high-capacity utilization, the only way that output can be increased is to increase potential supply [...] They presume a hypothetical long run ‚center of gravity' for the economy that persists independently of actual short-run moments [...] The formal definition of the long-run in most economic textbooks *assumes equilibrium.* The time frame involves hypothetical rather than historical time. The long run is the hypothetical time necessary for all of the implications of an economic shock to transpire and create a new general equilibrium" (Cohn 2007, S. 297-298, der in Kapitel 17 eine plural-heterodoxe Alternativsicht entfaltet).

Das hier untersuchte LB folgt weitgehend dieser Logik trotz der üblichen Zuordnung Blanchards zur zweiten Generation der neukeynesianischen Modellierer, bei ihm nur gelegentlich unterbrochen von gewissen keynesianischen Einsprengseln, die aber an der Grundstruktur nichts ändern. Letztlich bestätigt das LB das Ergebnis von Vroey (2016, S. 64 und 141 und Kapitel 18), dass sich der Keynes der unfreiwilligen Arbeitslosigkeit nicht mit einem wie genau auch immer angelegten Walrasianischen Gleichgewichtskonzept synthetisieren lässt.

Kapitel 3
Fazit

Abschließend stellt sich die Frage, ob das LB von Blanchard und Illing dem Mainstream entspricht und wenn ja, welchem. Beim analytischen Rahmen wurde eine grundlegende Unterscheidung zwischen Ökonomen getroffen, die v.a. in der längeren Sicht die Selbstanpassungskräfte der Konkurrenzwirtschaft unterstellen und solchen, die dies bezweifeln. Das LB steht eindeutig auf der Seite derer, die die längerfristigen Selbstanpassungsprozesse z.b. unter Hinweis auf die sich durchsetzende natürliche Arbeitslosenrate am Werke sehen.

Blanchard und Illing schwanken zwischen Mainstream I und II, da sie nicht unbedingt von markanten und schnellen Selbstanpassungsprozessen ausgehen, aber geld- und fiskalpolitischen Maßnahmen ständig Wasser in den Wein gießen. Auch fragen sie sich oft, ob Nichtstun von Seiten des Staates nicht die bessere Politik wäre und Attentismus nicht auch in der kurzen Frist zu passablen Ergebnissen führen kann.

Mit dieser zwar ambivalenten, aber im Prinzip doch marktapologetischen Haltung entsprechen sie ganz der *New Consensus Macroeconomics*. Die Bausteine der eigentlichen Neoklassik spielen bei ihnen dabei fast keine Rolle, da sie Marktformen, Kostenkurven und andere mikroökonomische Fundierungen konsequent ausblenden und Studierende am Ende keine Ahnung haben, was sich auf den realen Märkten konkret abspielt.

Wegen ihrer positiven Würdigung der aktivistisch-interventionistischen Aktivitäten der EZB im Gefolge der Finanzkrise stellt sich die Frage, ob in diesem LB nicht ein Mainstream III vorliegt, der als *The-New-Normal*-Variante bezeichnet werden könnte, da alle nicht gerade marktwirtschaftlichen Politikmaßnahmen nach der Finanzkrise als der „Theorie" entsprechend legitimiert werden (Bankenrettungsschirme zur Verhinderung der Realisierung von Vermögenswertverlusten, unkonventionelle Maßnahmen der EZB, De-facto-Verletzung des Vertrages über die Arbeitsweise der europäischen Union hinsichtlich der No-Bail-Out-Vorschrift usw.).

Diese „pragmatischen" Aspekte werden kombiniert mit einer Ablehnung aktiver Fiskalpolitik und radikalerer Reformen der Finanzmärkte sowie einem Plädoyer für „flexible" Arbeitsmärkte. Dies kann als Entsprechung zu Mirowskis Beschreibung eines heute vorrangigen, aktivgestaltenden Neoliberalismus, der Formen einer „techno-managerial governance" (Mirowski 2015, S. 436) annimmt, verstanden werden.

Politökonomisch könnte man dies als Makroökonomie im Dienste der Internationale der Globalisten deuten, zu der die Finanzgroßwirtschaft, die Zentralbanken, die Megacorps, die Medienmultis und die Reichen gehören und genauso das (zumindest bis vor kurzem) in Europa dominierende Groko-Politestablishment, das aus einem bürgerlichen Kernblock mit einer konservativen und einer sozialdemokratischen Partei bestand. Das LB ist insofern Ausdruck eines neuen Regulationsregimes jenseits eines Postfordismus und einer neoliberalen Agenda, die auf einen Minimalstaat zielt.

Was die Kernelemente des Mainstreams (siehe Kapitel 1) betrifft: M1 wird im LB wie schon erwähnt ausgeklammert. Bei M2 wird die Mikrofundierung nicht für relevant erachtet, implizit – und was Politiker betrifft explizit – wird optimierend-rationales Verhalten vorausgesetzt und instrumentelles, opportunistisches und strategisches (Spieltheorie) Verhalten unterstellt. M3 entsprechend ist Wachstum die zentrale Zielvariable. Wie M4 unterstellen die Autoren über das Marktsystem erfolgende ökonomische Effizienz, zumindest gibt es natürliche Tendenzen und Tatsachen wie die natürliche Arbeitslosenquote usw., die man wirtschaftspolitisch kaum verändern kann oder sollte. Wenngleich die konkreten Marktprozesse bei ihnen keine große Rolle spielen, so gehen sie doch davon aus, dass es keine bereichsspezifischen Eigenlogiken gibt und den Marktprozessen bzw. ihren makroökonomischen Auswirkungen eine ähnliche Systemlogik innewohnt.

Hinsichtlich M5 vertritt das LB eine merkwürdig mehrzüngige Position durch die Unterscheidung der kurzen, der mittleren und der langen Frist. Staatsversagen wird breit entfaltet, Marktversagen kommt eher als externer Schock und temporärer Betriebsunfall vor, der sich aber nicht wirklich verhindern lässt. Beschränkte Rationalität und z.B. asymmetrische Informationen spielen keine große Rolle. Globale Kapitalmobilität, „freie" Wechselkurse und Freihandel finden ihre ungeteilte Zustimmung.

M7, Ungleichheit und ihre umfassenden sozialen Kosten wie ein genereller Vertrauensverlust, die Senkung der Lebenserwartung, der Anstieg der Selbstmorde und der Zahl der Gefängnisstrafen, zunehmende Fettleibigkeit usw. (Wilkinson und Pickett 2016) werden weitgehend ignoriert. Armut und Macht kommen trotz ihres Aufscheinens in der Preissetzungsgleichung im LB praktisch nicht vor.

Geld- und Finanzmärkten (M8) kommt eine bestimmende Rolle zu, allerdings erklären Blanchard und Illing die Geldschöpfung nicht bzw. falsch und umständlich. Banken sind reine Finanzintermediäre, der FIRE-Sektor wird in den neueren Auflagen zwar oft angesprochen, aber seine besondere Krisenneigung dank positiver Feedbackeffekte nicht tiefer durchleuchtet. Vielleicht am überraschendsten ist, dass die immer offenkundigere Umweltkrise überhaupt nicht thematisiert wird (M9; siehe Cohn 2007, Kapitel 16 für eine plural-heterodoxe Herangehensweise).

Die bestehenden Institutionen und Politiken sind im LB die unhinterfragte, positiv beurteilte natürliche Ordnung (M10), es fehlt jeglicher Blick über den Tellerrand der aktuellen (Un-)Ordnung hinaus. Als Vorbild gilt den Autoren der *modeling approach* (M11) und ökonometrische Tests, allerdings gegen Ende des LB mit irritierenden Relativierungen (Ablehnung der Maschinenmetapher, begrenzte Präzision der Modellergebnisse usw.). Auch ist die Mathematik die zentrale Nachbarwissenschaft, aber zentrale Bausteine ihrer kleinen Modelle, die sich oft auch widersprechen, deren Differenzen allerdings durch die temporale Auffächerung, wie gesehen, entschärft werden, unterliegen recht beliebigen Veränderungen, was z.B. die Konstruktion der LM-Kurve, das Weglassen des früher zentralen AS-AD-Modells usw. betrifft.

Aus Raumgründen kann hier kein Abgleich mit den heterodoxen Analysebausteinen erfolgen. Generell lässt sich feststellen – am besten unter Verweis auf Cohn (2007), dessen alternatives LB leider im deutschsprachigen Raum völlig unbekannt zu sein scheint –, dass heterodoxe Bezüge im LB vollkommen fehlen. Selbst einfache saldenmechanische Zusammenhänge werden ausgeblendet und der Staat und öffentliche Institutionen aus einer reinen Public-Choice-Perspektive interpretiert und nicht als demokratisch legitimierte Handlungsträger, über deren Verbesserung (Lobbyregister, Cooling-off-Zeiten usw.) es lohnen würde, sich Gedanken zu machen. So wird einer undemokratischen *Econocracy* (Earle 2017) Vorschub geleistet.

Resümierend lässt sich festhalten: (1.) Positiv hervorzuheben ist die Kürzung der Seitenzahlen, die Vielzahl an aktuellen Tabellen, der europäische Fokus, das Eingehen auf die jüngsten Entwicklungen wie die Finanzkrise und der wirtschaftspolitische Blickwinkel.

(2.) Das LB steht für einen labilen Syntheseversuch verschiedener Mainstreamschulen (entsprechend der *New Consensus Macroeconomics*) unter fast vollständiger Ausblendung heterodoxer und am Rande des Mainstreams angesiedelter Schulen.

Auch werden Streitpunkte innerhalb des Mainstreams (z.B. zu Fiskaldefiziten) nur gelegentlich kurz angerissen; durch die Unterscheidung der kurzen, mittleren und langen Frist werden unterschiedliche Annahmen über Wirkungszusammenhänge und entsprechende anders lautende wirtschaftspolitische Folgerungen nicht plural kontrastiert, sondern in ein verwirrendes Nebeneinander gezwängt.

(3.) Das LB beschreibt durchgehend positiv die Rettungsmaßnahmen und unkonventionellen Maßnahmen der Politik und der Zentralbanken im Gefolge der Finanzkrise, die noch bis vor kurzem für undenkbar gehalten wurden, insofern kann man von einem Mainstream III (*The New Normal*) sprechen, bei dem sich nicht unbedingt marktwirtschaftskonforme „Unkonventionalität" mit den (neo)liberal-konservativen Forderungen flexibler Arbeitsmärkte, ausgeglichener Budgets und konservativer Zentralbanker paart.

(4.) In der (Fach-)Diskussion befindliche Reformvorschläge (Trennbankensystem, Vollgeld, Helikoptergeld) werden nicht oder nicht sachlich vorgestellt, auch wird z.B. den Reformvorschlägen von Post-Keynesianern zur Finanz- und Eurokrise überhaupt kein Augenmerk geschenkt.

(5.) Das Wachstumsziel steht uneingeschränkt als Ziel obenan, ökologische Fragestellungen kommen überhaupt nicht vor.

(6.) Die Darstellung der sklerotischen EU-Arbeitsmärkte und die negative Darstellung von Mindestlöhnen, Arbeitslosenunterstützung usw. ist tendenziös und entspricht nicht dem kontroversen Stand der Fachdiskussion. Probleme des Öko- und Sozialdumpings im heutigen Globalisierungsregime finden keine Erwähnung. In ihrem entfalteten Standardmodell sind Finanzkrisen eigentlich ausgeschlossen, sie können – abgesehen von einer Linksverschiebung der IS-Kurve aufgrund von Risikoaufschlägen – in ihrem Modell nicht vorkommen. Die Forderung von ausgeglichenen Staatsbudgets und gegenwärtig für Deutschland angezeigten Überschüssen vermittelt ebenso wie das Entfallen der Frage, welchen Budgetrestriktionen der Staat wirklich zwangsläufig unterliegt, den Studierenden, auch was die begleitenden Literaturhinweise betrifft, eine einseitige Sicht.

Kapitel 3: Fazit 81

(7.) Ungleichheit wird auf technisch-innovative Marktentwicklungen zurückgeführt und weder für problematisch, noch für wesentlich veränderbar gehalten.

(8.) Das LB enthält kein Fundament, auf dem die einzelnen Kapitel aufbauen, trotz gewisser Ableitungen (z.b. der IS-Kurve aus dem 45-Grad-Diagramm) stehen die einzelnen Teile meist recht separat nebeneinander, ihre Annahmen und Alternativen werden selten entfaltet und durch die fragwürdige Temporalisierung in Fristen, wie erwähnt, in eine nur scheinbare Ordnung gebracht. Es gibt kaum plausible oder theoretisch fundierte Angaben zur Dauer der Anpassungsprozesse von der kurzen zur langen Frist und wie stark und schnell die fundamentalen Attraktoren wie die Phillips-Kurve eigentlich wirken.

Die politischen Empfehlungen widersprechen einander häufig und dürften Studierende verwirren, wenn z.B. im IS-LM-Schema die (hierzu widersprüchliche, da stetig ansteigende) PC-Kurve auftaucht, die v.a. fiskalpolitische Handlungsoptionen plötzlich in Frage stellt; auch die Einssetzung der – laut Autoren eine eigenständige Rolle spielenden – Erwartungen mit rationalen Erwartungen muss irritieren. Radikale Unsicherheit gibt es trotz aller Bekenntnisse zur Rolle der Erwartungen nicht.

(9.) Die Politik und die öffentliche Sphäre insgesamt werden einseitig negativ dargestellt und je weiter man im LB voranschreitet, umso mehr wird eine Politikineffektivitätsthese entwickelt. Eine Minimalökonomik des öffentlichen Sektors (üblicherweise mindestens mit öffentlichen Gütern und Externalitätenproblematik, eventueller Industrie- oder Strukturpolitik usw.) sucht man vergebens.

(10.) Die Ausführungen zum Geldangebot und zur Geldnachfrage sind größtenteils verwirrend und zum Teil falsch.

(11.) Trotz der Benennung einiger Ursachenfaktoren, die zur Finanzkrise führten, wird über weite Strecken eine Effizienzmarkthypothese vertreten, immanente Instabilitäten, irrationaler Überschwang, Spekulation usw. spielen keine Rolle.

(12.) Die für die wirtschaftspolitischen Folgerungen zentralen Bausteine, die oft nur diagrammatische Evidenz haben und meist auf nicht gerade einschlägigen Regressionen beruhen, zeichnen sich durch eine gewisse Beliebigkeit aus: Die LM-Kurve ist neuerdings horizontal, die Preissetzungs- und die Lohnsetzungsgleichung sind, wie gesehen, sachlogisch problematisch (und interdependent). Sie suggerieren eindeutige Gleichgewichte und objektive Konstellationen, die aber andererseits deutlichen Veränderungen unterliegen können, wie die natürliche Arbeitslosenquote, auf deren Senkung ex post indirekt geschlossen wird (BI, S. 260-261), da in den USA die bei unter fünf Prozent befindliche Arbeitslosenquote nicht zur Inflation führt.

Auch ließen sich von den Folgerungen ausgehend ganz andere und sogar von den wirtschaftspolitischen Folgerungen her gesehen entgegengesetzte Modelle entwickeln (siehe weiter unten); das im LB anzutreffende Schaubild zur Preissetzungs- und Lohnsetzungsgleichung (BI, S. 238) fehlt z.B. in Mankiws und Bofingers LB, die ganz andere Schaubilder aufbieten, ganz zu schweigen von den Schaubildern in alternativen LB (siehe z.B. Goodwin et al. 2014, S. 300-306 und Dullien et al. 2018, S. 427-435).

(13.) Das doch sehr marktliberale Credo des LB bekundet sich einmal mehr in der Befürwortung von flexiblen Wechselkursen und der (nach Rodrik: Hyper-)Globalisierung ohne Wenn und Aber.

(14.) Schließlich ist die Fokussierung auf formale und mechanische Wirkungszusammenhänge zu erwähnen, die dann in einen gewissen Widerspruch zur autonomen Rolle der Erwartungen und Unsicherheit und zu guten und schlechten Gleichgewichten tritt. Sie führt aber zur Ausklammerung der Anpassungsdynamiken in der realen Welt und zu vorab feststellbaren Gleichgewichtspositionen. Dennoch empfehlen die Autoren der Politik im Widerspruch hierzu Zurückhaltung, da ihre komplizierten Modelle sehr beliebige Ergebnisse zeitigten (BI, S. 630-631).

Angesichts seiner auch ideologischen Einseitigkeiten, seiner Inkohärenz trotz hoher Selektivität und Beliebigkeit der Annahmen zu Wirkungsketten kann das LB nicht als Einführung in die Makroökonomie empfohlen werden. Es ist ein Beispiel für „dirty pedagogy" (Colander/Sephton 1998). Am Fach interessierte Studierende dürften sich wundern, welch eigenartig eklektische und meinungsgetränkte Makroökonomie, die ihnen im Epilog auch noch als konvergierender Korpus nahegelegt wird, ihnen hier vorgesetzt wird. Es handelt sich im LB letztlich um „a 95 percent laissez-faire-oriented macro policy" (Cohn 2007, S. 181), die im Endergebnis nicht allzu sehr vom Mainstream von vor 100 Jahren abweicht, ergänzt durch die Rettungs- und Interventionspolitik der Zentralbank.

Die im LB verstreuten Ansätze könnten allerdings zum Teil in einer anderen Art und Weise durchaus eine Rolle spielen, nicht als Darlegung einer integralen, konsistenten makroökonomischen Theorie, sondern als „a mishmash of [alleged] empirical regularities and reasonable conjectures, and not as *macro theory* [...] (W)e believe that undergraduate students would better *understand* the models, were these models explicitly presented as a set of engineering models – models developed to deal practically with the difficult dynamic [and political policy] problems that can develop in complex systems, rather than as a set of scientifically grounded models" (Colander/Rothschild 2010, S. 121-122, die einen guten Überblick über die LB-Entwicklung bieten, wenngleich sie durch ihre Konzilianz dem Mainstream gegenüber nicht frei von Widersprüchen sind).

Aus pluraler Sicht käme es darauf an, dann auch andere plausible Modellspezifizierungen vorzunehmen, durchaus auch im Rahmen des neuen makroökonomischen Konsensmodells, und zu zeigen, dass man auch zu völlig anderen Wirkungsketten und Politikempfehlungen gelangen kann als Blanchard und Illing (siehe die Beiträge von Wren-Lewis, Chadha, Tamborini, Hein und Howells, alle in Fontana/Setterfield ((Hrsg.) 2010); Hein und Stockhammer bieten dort ein postkeynesianisches Modell, Brancaccio durch einen plausiblen Wechsel zwischen exogenen und endogenen Variablen einen Ansatz aus der Perspektive der *Radicals*, mit politisch-institutionellen Faktoren, in dem die Zentralbank zum zentralen Konfliktregulierer wird).

Besonders hervorzuheben ist der Reformulierungsvorschlag von Lavoie (2010), der das Basismodell des LB um vier Aspekte erweitert und auch diagrammatisch übersichtlich zeigt, dass ein mittlerer, flacher Teil der Phillips-Kurve realökonomische Auswirkungen hat und die monetäre Politik dann durchaus den langfristigen Realzins erhöhen und den Output senken kann. Außerdem ist eine fiskalpolitisch angeregte ökonomische Aktivität ohne Inflation denkbar und eine Erhöhung des Wachstums kann nicht nur von der Angebots-, sondern auch von der Nachfrageseite her erfolgen, da z.B. ein knappes Arbeitsangebot und physikalische Grenzen zu Innovationen führen können.

Der Forderung Colanders und Rothschilds (2010), einen komplexitätsökonomischen Ansatz in den Mittelpunkt der Lehre zu stellen, kann nur zugestimmt werden. Ihre basale Kritik aller Einführungs-LB lautet, dass dort so getan wird, als ließe sich die Ökonomie mit wenigen Variablen grundsätzlich ausreichend beschreiben und verstehen. Am Beispiel einer an der Taylor-Regel orientierten Reaktion der Zentralbanken auf die Finanzkrise, die sich tatsächlich nicht an ihr orientierten, sondern viel expansiver agierten, zeigen sie, welche Bedeutung historisch-institutionell-pfadabhängigen Situationsdeutungen zur Formulierung angemessener Politikreaktionen zukommt.

Neben den Grundlagen der von ihnen geforderten Komplexitätsökonomie (Elsner et al. 2015) sollte daher in der Lehre auch der Sinn für eine entsprechende Situationshermeneutik z.B. anhand von realökonomischen Beispielen geschärft werden, bei deren Analyse die Theorieelemente der LB als jeweils mehr oder minder praktikable Werkzeuge zum Einsatz kommen können (einzig Stretton 2000 dürfte einen solchen Kontrapunkt setzen).

Kapitel 4
Weitere makroökonomische Lehrbücher und Vorschläge für eine pluralistische Makroökonomie

Im Folgenden soll auf zusätzliche LB der Makroökonomie eingegangen werden. Es wurden *alle* von Rebhan (2017, S. 91-103, Tabellen 5 und 6) ermittelten makroökonomischen LB durchgesehen, die an deutschen Hochschulen in Einführungsveranstaltungen zur Makroökonomie oder Einführungen in die Wirtschaftswissenschaften/VWL verwendet werden. Aus Raumgründen kann hier nur auf wenige Beiträge kurz eingegangen werden, um dann auf eindeutig plural-heterodoxe LB überzugehen.

Eine nähere Untersuchung verdienen natürlich die verschiedenen, sich im Kern kaum unterscheidenden Varianten und Auflagen des LB von Mankiw (siehe u.a. Mankiw 2011, 2017 und 2018 sowie Mankiw/Taylor 2014 und 2016), die entweder als rein makroökonomische oder als Mikro- und Makroökonomie umfassende LB produktdifferenziert international im Rennen sind. Laut Rebhan (2017, S. 93-95 und 97-101), der zu Mankiws LB im Rahmen seiner Dissertation eine dessen Bedeutung gerecht werdende, umfassende Studie vorlegen wird, überwiegen alle Varianten dieses LB zusammen mit Abstand alle anderen LB in Deutschland (als Kritiken siehe bereits Peukert 2016; Birks 2014 und die Beiträge von Graupe, Treeck, Jäger, Herr, Lindner, Truger und Priewe in Treeck/Urban (Hrsg.) 2016).

Bereits zu Anfang der hier kurz vorgestellten Grundzüge (Mankiw/Taylor 2016) wird anhand von 10 Regeln (z.B. „Märkte sind in der Regel gut geeignet, um die volkswirtschaftlichen Aktivitäten zu organisieren") ohne jegliche wissenschaftstheoretische Klärung des Status solcher Aussagen gleich zu Beginn eine marktliberal-konservative Sichtweise entfaltet, die in den rein makroökonomischen Varianten (mit Ausnahme der College-Version, siehe Mankiw 2018) entfällt. Trotzdem haben diese

– wenngleich mit etwas vorsichtigeren Formulierungen – die gleiche Ausrichtung. Diese konsequent durchgehaltene Weltanschauung zeigt sich auch besonders deutlich z.b. bei Mankiws Ausführungen zur politischen Philosophie der Einkommensverteilung in Kapitel 18, in dem nur liberale Varianten erwähnt werden. Sozialstaatliche Einrichtungen kommen im ganzen LB kaum vor, über die Vorzüge des Freihandels bestehe bei allen Fachleuten Einigkeit (trotz Erwähnung der Tatsache, dass es temporär auch einige Verlierer gebe). Das BIP sei trotz einiger Kritik ein gutes Wohlfahrtsmaß. Eventuelle Grenzen des Wachstums werden in Frage gestellt (Mankiw/Taylor 2016, S. 22). Gewerkschaften sind durchgängig machthungrige, dysfunktionale Kartelle usw.

Der mikroökonomische Teil enthält ausschließlich die neoklassischen Kerninhalte, der Gesamttext folgt uneingeschränkt M1-M11. Heterodoxe Denkschulen und deren Ansatzpunkte (H1-H11) tauchen neben der kurz abgehandelten, für die sonstigen Kapitel folgenlose Verhaltensökonomie nicht auf. Wie in den vorherrschenden mikroökonomischen LB (Peukert 2018) werden in weiten Teilen das Idealmodell und die Wohlfahrtseffekte der vollkommenen Konkurrenz generalisierend unterstellt, ohne dass deren restriktive Bedingungen Beachtung finden (zur Legitimierung dieses Vorgehens siehe Mankiw/Taylor 2016, S. 59-60). Das Arbeitsangebot wird neoklassisch aus der Abwägung von Freizeit versus Arbeitsleid, das Arbeitsmarktgleichgewicht aus der Arbeitsangebots- und der Arbeitsnachfragekurve abgeleitet, an späterer Stelle wird dann marginal die Effizienzlohntheorie gestreift.

Simplifizierend wird in Kapitel 24 der Kreditmarkt über den Loanable-Funds-Ansatz aufgezogen, im Folgekapitel weitgehend der Effizienzmarkthypothese das Wort geredet und in Kapitel 26 die Geldschöpfung über den Geldschöpfungsmultiplikator falsch erklärt. Zwei Originalsätze charakterisieren den Duktus und die Weltanschauung Mankiws: „Wir wissen, daß Steuern Anreize verzerren und das Marktergebnis verfälschen [… und] daß die kontinentaleuropäischen Arbeitsmärkte zu den rigidesten der Welt gehören" (Mankiw/Taylor 2016, S. 1058 und 1085). Im neuen, abschließenden 37. Kapitel wird die zentrale Politikempfehlung ausgesprochen, dass eine höhere Flexibilität auf den Arbeits- und Gütermärkten der EU überfällig sei (Mankiw/Taylor 2016, S. 1129-1131).

Den theoretischen Hintergrund stellt auch bei Mankiw die *New Consensus Macroeconomics* dar, allerdings wird dies nicht so klar herausgestellt wie bei Blanchard und Illing und von Mankiw eher randständig vorgebracht. Die kurze und die lange Frist werden in den Grundzügen nicht von vornherein klar getrennt, genauso wenig wie in den Kapitelüberschriften. Dies geschieht aber in den rein makroökonomischen Versionen (Mankiw 2011 und 2017, Mankiw/Taylor 2014). Generell versuchen die LB-Varianten Mankiws im Unterschied zu Blanchard und Illing nicht, die Grundlagen (z.b. in einem dogmenhistorischen Epilog) klar zu benennen und als konvergenten und über die Zuordnung in die kurze oder lange Frist stimmigen Ansatz zu präsentieren.

Anstatt das LB im Laufe der Jahrzehnte einer gründlichen Überarbeitung zu unterziehen, machen sich Mankiw und sein Team weniger Mühe und stücken neuere Theorieentwicklungen ohne größere Konsistenzanstrengungen einfach immer an, was der Konsistenz des über 1000 Seiten umfassenden Konvoluts nicht gut bekommt.

Nachdem vorher neben dem marktliberalen Bias makroökonomisch praktisch kein einer Denkschule folgender Theorieansatz erkennbar war, führt Kapitel 23 über die Erfassung der Arbeitslosigkeit die „natürliche Arbeitslosenquote" beiläufig an, erklärt sie aber nicht; auch hierzu quere Hysterese-Effekte werden in einer Infobox ohne Konsistenzanspruch angeführt (Mankiw/Taylor 2016, S. 712). In Kapitel 27 werden ab Seite 825 die unterschiedlichen Fristigkeiten explizit näher angesprochen und es wird auf die (vermeintliche) Neutralität des Geldes in der langen Frist eingegangen.

Man kann sich fragen, ob die Studierenden in Einführungsveranstaltungen in diesem eher hinteren Teil des LB wohl noch an Bord sind. Die theorietechnisch doch auch entscheidende Phillips-Kurve taucht jenseits der tausendsten Seite auf. In Kapitel 30 werden wiederum im Vorbeigehen und in einem Kapitel über Konjunkturzyklen die neuklassische Makroökonomie und der Real-Business-Cycle-Ansatz angesprochen und der Keynesianischen Theorie gegenübergestellt, die sich durch eine nicht näher bestimmte, längere Anpassungsgeschwindigkeit und starre Löhne und Preise auszeichne. Durch die Kasernierung Keynes' auf die kurze Frist werden plurale Überlegungen zu unterschiedlichen Basishypothesen alternativer Denkschulen vermieden.

Mit Kapitel 31 folgt dann ein – im Vergleich zu früheren Auflagen neues – Kapitel zu IS-LM und dem 45-Grad-Diagramm, Kapitel 34 bringt das Thema rationale Erwartungen und Kapitel 35 die Angebotstheorie. Dazwischen werden die natürliche Arbeitslosenquote, die längerfristig senkrechte Phillips-Kurve, die auch für eine „unabhängige" Zentralbank spreche, usw. eingestreut und es werden die unkonventionellen Maßnahmen der FED und der EZB größtenteils befürwortet. Der Übergang von der kurzfristigen zur längerfristigen Phillips-Kurve wird vermittels der (teil)adaptiven Präferenzen im Sinne Friedmans und somit deutlich hinter dem Stand der heutigen Sichtweise des Mainstreams erklärt.

Zwar werden bei der LM-Kurve drei Bereiche unterschieden (Mankiw/ Taylor 2016, S. 945), langfristig gilt aber die von Mankiw so bezeichnete klassische Makroökonomie, bei der sich Geldmengenveränderungen nur auf das Preisniveau auswirken. In Kapitel 32 wird anhand von AS-AD gezeigt, dass auch auf Fiskalpolitik reagierende Anpassungsprozesse unrealistischerweise über das Steigen oder Sinken des Preisniveaus erfolgen (siehe z.B. das Schaubild auf Seite 979). Anpassungen können u.a. auch durch extern von der Zentralbank vorgegebene Geldmengenveränderungen in die Wege geleitet werden und die Geld- oder Fiskalpolitik können überhaupt nur vorübergehend zu Abweichungen vom langfristigen (Wachstums-)Pfad führen.

Im abschließenden Kapitel über die Finanzkrise und die Staatsverschuldung in Europa wird der Krisenverlauf rein deskriptiv über Einzelereignisse nacherzählt und gegen Ende ein pluraler Eindruck erweckt, indem zwei unterschiedliche Meinungen zum staatlichen Budgetausgleich, zu strukturellen Defiziten und zur europäischen Sparpolitik kurz angeführt werden. Durch das Gesamt*framing* des LB dürfte der Studierende aber wohl eher der marktliberaleren ersten Ansicht zuneigen, abgesehen davon, dass der Text jegliche Diskussion denkbarer Reformmaßnahmen der Finanzmärkte vermissen lässt. Am Schluss wird noch eine recht unwissenschaftliche Breitseite gegen die Finanztransaktionssteuer vorgebracht und als wesentliche Quintessenz der Staatsschuldenkrise die überfällige höhere Flexibilität auf den europäischen Arbeits- und Gütermärkten angemahnt.

In den rein makroökonomischen Varianten wird die marktliberalkonservative Patina etwas zurückhaltender aufgetragen und die 10 Regeln werden nicht gleich zu Beginn präsentiert (mit Ausnahme der kürzeren, bunt bebilderten College-Version, siehe Mankiw 2018, in der die Finanzkrise nicht vorkommt). Auch finden sich dort Epiloge über vier nach Ansicht Mankiws nicht kontroverse und vier umstrittene Aussagen der Makroökonomie und es werden einige Reformvorschläge zur Vermeidung zukünftiger Finanzkrisen zusammengestellt. Die Darstellung legt nahe, dass in den USA und in Europa doch schon sehr viele Regulierungen erfolgten und man auf einem guten Weg sei.

Das Kapitel zum Finanzsystem endet in den nur die Makroökonomie enthaltenden Versionen des LB mit den Worten: „Nach einer Krise ist es leicht, über die vom Finanzsystem verursachten Probleme zu jammern. Dabei sollten jedoch die großen Vorteile des Finanzsystems nicht übersehen werden. Das Finanzsystem erlaubt es Sparern, den größtmöglichen Ertrag bei niedrigem Risiko zu erzielen. Es gibt Unternehmern die Möglichkeit, neue Geschäftsideen zu finanzieren. Indem es diejenigen, die sparen wollen, mit denen zusammenbringt, die investieren wollen, fördert das Finanzsystem Wirtschaftswachstum und Wohlstand" (Mankiw/Taylor 2016, S. 721; fast identisch mit der englischen Version Mankiw/Taylor 2014, S. 644, wo sogar von niedrigstmöglichem Risiko die Rede ist). Der Bundesverband deutscher Banken hätte es nicht schöner formulieren können.

Insgesamt sind die LB von Mankiw aus den angedeuteten Gründen aus pluraler und wissenschaftlicher Sicht mangelhaft. Die meisten Versionen haben aber einen großen Vorteil: Den Lehrenden wird kostenlos eine Powerpointversion zur Verfügung gestellt, in der dem LB-Text entsprechend den Studierenden auch keine anstrengend-kontroverse Diskussionen vermittelt werden müssen und deren weltanschauliche Ausrichtung der Haltung vieler Lehrender entgegenkommen dürfte.

Mit einer gewissen Spannung nimmt man den Beitrag von David Colander (2013, praktisch identisch mit Colander 2017, Kapitel 24-38) zur Hand, der als einer der exponiertesten und kompetentesten Kritiker eines einseitig verfolgten Mainstreamansatzes gelten darf (Colander 2015). Mit ansprechenden nur 497 Textseiten soll das LB modern, aber nicht neoklassisch ausgerichtet sein und Institutionen und Wirtschaftsgeschichtliches mitberücksichtigen. Es soll nicht einseitig und auch für andere Denkschulen neben der „modernen" offen sein und beginnt daher mit einem, wenngleich recht kurzen, Überblick über den Postkeynesianismus, den Feminismus, die österreichische Schule, die Radicals, den Institutionalismus und die religiöse Ökonomik (2013, S. XX-XXIII).

„The moral of the story is that there's nothing necessarily inconsistent among mainstream and heterodox economists' approaches. Their approaches are simply different ways of looking at the same event. Which approach is most useful depends on what issues and events you are analyzing" (2013, S. XXIII). Dies klingt sehr plural und offenherzig. Colander fährt aber z.B. fort, „(t)he class analysis used by radicals is often more appropriate to developing countries than it is to the United States". Er bemerkt zutreffend: „This book is written from a U.S. point of view" (2013, S. 36) und „(t)he approach I use is what would be called mainstream (it presents the conventional wisdom of economists) both because I'm mainstream and because most economists are as well" (2013, S. XX). Um das Buch des sich als moderaten Makroökonomen bezeichnenden Colander einschätzen zu können, lohnt es, seine 15-Prozent-Regel zu erwähnen (2013, S. IX), die besagt, dass große Verlage LB nur akzeptieren, wenn sie maximal um diesen Prozentsatz vom Mainstream abweichen.

Colander hat diese Regel mit geschätzten 5-10 Prozent übererfüllt (Frank/Bernanke 2009 dürften diesem Prozentsatz näherkommen), indem er z.B. am Ende jedes Kapitels auf nur gut einer halben Seite Fragen aus einer anderen Schulrichtung u.a. vom kritischen Denkkollektiv *Dollars and Sense* formulieren lässt, die das vorher Gesagte zumindest implizit kritisch hinterfragen. Sein Ansatz ist weniger formal, algebraische Teile sind meist in einem Anhang untergebracht.

Er erkennt an, dass es in kapitalistischen Ländern sehr große institutionelle Unterschiede gibt, auch finden sich wirtschaftshistorische Teile vom Feudalismus bis heute und gegenwärtige Besitzverhältnisse, Daten und Trends zur internationalen Arbeitsteilung und zur Technologieentwicklung, verschiedene, auch selbstverwaltete Unternehmensformen und *fallacies of composition* werden angesprochen. Colander definiert ganz dem Mainstream entsprechend: „Economics is the study of how human beings coordinate their wants and desires, given the decision-making mechanisms, social customs, and political realities of the society" (2013, S. 4, i. O. mit Hervorhebungen; zur Analyse seines mikroökonomischen Ansatzes in den Kapiteln 1 bis 5 und in Colander siehe Peukert 2018, S. 340-342).

Im Grunde ist das sehr flüssig geschriebene und nicht einer einfachen marktliberalen Weltsicht folgende LB an der *New Consensus Macroeconomics* orientiert, da der Autor auf das AS-AD-Modell, die verschiedenen kurz- und langfristigen Phillips-Kurven und die Unterscheidung in die kurze und die lange Frist zurückgreift. Er versucht allerdings, die strikte Trennung zwischen kurzer und langer Frist zu überwinden, was aber nur begrenzt gelingt. Auch die Geldschöpfung (Kapitel 12) wird letztlich nicht ganz klar erklärt. Fiskalpolitik sei nicht wirkungslos, aber mit vielen Problemen behaftet.

Andererseits finden sich auch immer wieder nicht unerhebliche Relativierungen des Mainstreams. So kommt bei ihm in Kapitel 18 angesichts der Globalisierung auch eine horizontal verlaufende Phillips-Kurve vor und die Verlierer der Globalisierung werden benannt. Er lässt offen, ob freie Wechselkurse nicht doch eines gewissen Managements durch die Politik bedürfen. Insgesamt betrachtet, ist Colanders LB aber doch recht deutlich dem Mainstream verpflichtet, allerdings ohne dessen übliche einseitige wirtschaftspolitische Wertungen.

Bofingers Mikro- und Makroökonomie umfassendes, nicht sehr formales, aber dennoch fundiertes und gut verständlich angelegtes LB (2015, siehe auch Bofinger/Mayer 2015), für das es auch eine mittlerweile sehr gediegene Powerpointversion für die Lehre gibt, ist laut Rebhan (2017, S. 93-101) nach den LB Mankiws, wenn auch mit sehr deutlichem Abstand, das v.a. bei Einführungen in die Wirtschaftswissenschaft/VWL am häufigsten angezeigte LB.

Es weist eine interessante, eigenständige Ausrichtung auf, bei der viele Vorzüge der Marktwirtschaft anerkannt werden, verbunden mit stark keynesianischen Elementen und der Bejahung eines korrigierenden und sozialen Staates. Diese eigenständige Haltung kommt bereits im ersten Kapitel zum Ausdruck: Die VWL wird im LB als die Wissenschaft des Marktes definiert, es wird aber auch sofort auf erhebliche Schattenseiten und Rationalitätsfallen und daraus hervorgehende staatliche Aufgaben hingewiesen.

Anhand des als charakteristisch für Markträumung angesehenen Fixings bei Aktienmärkten wird der für Marktwirtschaften typische Ausgleich von Angebot und Nachfrage erklärt (was einen Walrasianischen Auktionsprozess impliziert), der Autor bringt aber auch die erheblichen Aktienkursschwankungen mit Spekulation und Keynes' Schönheitswettbewerb in Verbindung.

Das LB weist unzweifelhafte Stärken auf: Es werden übersichtlich sehr viele Daten v.a. zu Entwicklungen in Deutschland und in der EU vorgestellt (z.B. zu Staatsquoten, Statistiken zur Arbeitslosigkeit und Verteilung usw.), institutionelle Gegebenheiten und Zusammenhänge erläutert, Märkte versus Hierarchie in Kapitel 4 über die Neue Institutionenökonomie thematisiert, und am Ende jedes Kapitels wird ein kurzes Charakterbild eines großen ökonomischen Denkers geboten.

Im mikroökonomischen Teil tauchen die zentralen Basiselemente der Neoklassik auf. Hierzu zählen: die subjektive Wertlehre, Konsumentensouveränität, komparative Kostenvorteile, bekannte Indifferenzkurvenverläufe, die übliche Unterscheidung der Marktformen, das Arbeitsangebot anhand des Abgleichs von Freizeit und Arbeitsleid usw., bis hin zur Anwendung der Produzenten- und Konsumentenrentenanalyse auf Wohlfahrtsverluste durch Mindest- oder Höchstpreise oder Steuern. Trotz Verhaltensökonomie sei die Annahme des Homo Oeconomicus im allgemeinen eine sinnvolle Unterstellung. Andererseits werden auch die Schattenseiten der Globalisierung, z.B. mögliche Senkungen des Lohnniveaus unter Rückgriff auf das Heckscher-Ohlin-Theorem und neben der Zahlungswilligkeit auch die sicher häufig nicht vorhandene Zahlungsunfähigkeit angeführt.

Allerdings kommt durch die Übernahme der elementaren Bausteine der neoklassischen Mikroökonomie eine hier nicht näher zu verfolgende Unwucht in das LB, da es wie die üblichen mikroökonomischen LB (Peukert 2018) unter der Annahme von „Konkurrenzmärkten" (die tatsächlich mit vollkommener Konkurrenz gleichgesetzt werden) darauf hinausläuft, dass diese Märkte sich von selbst zum Gleichgewicht hinbewegen, was im Widerspruch zu zentralen makroökonomischen Teilen des LB und z.B. zur Annahme von Rationalitätsfallen steht.

In Kapitel 19 wird der Sinn antizyklischer Fiskalpolitik erläutert, aber auch ihre Schwierigkeiten und entsprechenden Begrenzungsregeln der EU (ohne größere Kritik dieser Regeln) werden erwähnt; zusätzlich wird auf die Probleme eines fehlenden EU-Budgets zur gemeinsamen Fiskalpolitik in Krisensituationen hingewiesen.

Beim Thema Arbeitsmarkt weicht Bofinger in Kapitel 10 von den meisten sonstigen LB deutlich ab. Er unterscheidet klassische und keynesianische Arbeitslosigkeit und tritt der Meinung entgegen, dass durch Mindestlöhne zwangsläufig die Arbeitslosigkeit ansteigt, indem er v.a. Implikationen des Monopsons und der Effizienzlöhne anführt. Gewerkschaften stärken die strukturell unterlegenen Arbeitnehmer und den sozialen Frieden, Tarifverträge sorgen für Planbarkeit auch von Seiten der Unternehmen. Gewerkschaften sind keine rücksichtslosen Insider-Outsider-Egoisten, die nur das Einkommen der Mitglieder maximieren wollen, sondern sie achten laut Bofinger in Deutschland vornehmlich auf die Beschäftigungssicherheit der Arbeitnehmer. Die zunehmende Tarifflucht wird kritisiert und eine hierzulande lange vernachlässigte produktivitätsorientierte Lohnpolitik gefordert.

Als weitere, hervorstechende Besonderheit des LB wird dem Staat in Kapitel 11 eine umfassende allokative, distributive und stabilisierende Rolle zugesprochen. Eine überdurchschnittliche Staatsquote bedeute nicht zwangsläufig eine weniger dynamische Wirtschaft. Aber das von ihm befürwortete Ziel des sozialen Ausgleichs sei eine schwierige Gratwanderung. Gegen Höchstpreise z.B. bei Mieten spreche einiges, auch ein Ausgleich über Steuern und Transfers berge wohlfahrtsökonomische Kosten (auf Seite 389 wird dennoch später die Tobin-Steuer positiv erwähnt). Eine Studie des IWF habe schließlich gezeigt, dass von Einkommensumverteilung keine negativen Auswirkungen auf das Wachstum ausgehen, sofern extreme Lösungen vermieden werden (Bofinger 2015, S. 212).

Auch spricht Bofinger sich in Kapitel 13 klar für die vorgestellten deutschen Sozialversicherungssysteme und für ein Umlagesystem aus. In Kapitel 28 über offene Volkswirtschaften resümiert er die traditionellen Ausführungen über verschiedene Wechselkurssysteme, erwähnt aber, wenngleich eher kurz, neben Zinsdifferenzen zwischen den Ländern andere Einflussfaktoren und dass es für eine Frist von fünf Jahren überhaupt keine realwirtschaftlichen makroökonomischen Variablen gebe, mit denen sich die Bewegungen flexibler Kurse erklären ließen (2015, S. 569).

Seine moderaten, aber doch vom Mainstream klar abweichenden Ausführungen sind eingebettet in eine erstaunlich rosig-gewogene Darstellung des Ansatzes und der Praxis der deutschen Sozialen Marktwirtschaft im Allgemeinen und der Person und Politik Ludwig Erhards im Besonderen sowie der Politik der Deutschen Bundesbank, die gegen alle Anfechtungen das konsequent stabilitätsorientierte „Modell D-Mark" bis hin zur Konzeption der EZB verfolgte.

Auch überrascht die – trotz des die üblichen Inhalte umfassenden Kapitels 14 über Umweltpolitik und des gelegentlichen Lobes der Umweltbewegung – recht geringe Sensibilität hinsichtlich der ökologischen Begrenzungskrise. „Die Wachstumspessimisten oder -skeptiker sind häufig auch Menschen mit einer geringen Fantasie" (2015, S. 184). Beim EEG meldet er Reformbedarf in Richtung Auktionsverfahren an und in Kapitel 16 zur Volkswirtschaftlichen Gesamtrechnung tauchen keine kritischen Argumente hinsichtlich des BIP als Wohlfahrtsmaß auf. Seine Hauptaussage lautet, nachhaltiges Wirtschaftswachstum sei möglich (und erfordere einen produktivitätskonformen Anstieg der Reallöhne).

Der makroökonomische Teil ab Kapitel 15 beginnt im Unterschied zu vielen anderen LB mit dem magischen Viereck und Daten zur Entwicklung seiner Komponenten. In Kapitel 17 zum gesamtgesellschaftlichen Angebot und zur Gesamtnachfrage wird auf das AS-AD-Modell hingewiesen. Es wird aber abgelehnt, da Deflationen über Preisniveausenkungen als Anpassungsmechanismus unrealistisch seien und das Modell die Illusion der selbststabilisierenden Marktmechanismen nähre. Stattdessen wird auf das 45-Grad-Diagramm zurückgegriffen. Bofingers Kritik am AS-AD-Modell ist recht kurz und eigentlich unzutreffend (auch das IS-LM-Modell wird in Kapitel 24 als überholtes Großvatermodell etwas vordergründig abgebügelt, vergleiche die andere Herangehensweise bei Flaschel et al. 2012).

Das IS-LM-Modell kann nämlich so ausgestaltet werden, dass nicht das Preisniveau, sondern die Veränderung der Inflationsrate auf einer Achse steht und ferner ein langgezogener AS-Bereich unterstellt wird, bei dem der Schnittpunkt der beiden Kurven zunächst weit vor der Vollbeschäftigung liegt, so dass ein fiskalpolitischer Impuls zur Rechtsverschiebung von AD führt, ohne unbedingt Inflation hervorzurufen (Goodwin et al. 2014, Kapitel 13).

In Kapitel 18 schlägt Bofinger aber einen theoriearchitektonisch interessanten Weg ein, indem er den Kaufkraftaspekt der Löhne einbezieht, zwischen notionaler und effektiver Nachfrage unterscheidet und entsprechend den Walrasianischen Ungleichgewichtsansätzen einer nachfragebedingten Rationierung auf dem Arbeitsmarkt nachgeht, die – im Unterschied zur kontrastierend auch angeführten klassischen – zu unfreiwilliger Arbeitslosigkeit führt, die nach Bofinger keine rigiden Löhne und Preise voraussetzt. Hiermit weicht er eindeutig von den vorherrschenden neukeynesianischen Annahmen und Schwerpunktsetzungen ab (Preisrigiditäten und Menükostenargument usw.).

Auch entspricht Bofingers Vorgehen ab Kapitel 22 nicht dem *New Macroeconomic Consensus*, da er nicht von der klaren Unterscheidbarkeit der Vorgänge in der kurzen und langen Frist ausgeht. Die lange Frist ist bei ihm nicht in dem Sinne theorierelevant, als sie längerfristige geld- oder fiskalpolitische Impulseffekte auf vermeintliche langfristige (Wachstums-)Trends verneint. In einer kurzen Bemerkung lehnt er dementsprechend auch die wesentlichen Annahmen der Schule der rationalen Erwartungen und der Real-Business-Schule ab (siehe die kurzen Ausführungen

Kapitel 4: Weitere Makrolehrbücher und Vorschläge   95

bei Bofinger 2015, S. 447-448 und dann seine offene Kritik auf den Seiten 578-579), ohne sich auf eine differenzierende Abgrenzung einzulassen.

Auch in den abschließenden, im Vergleich zu anderen LB eher kurzen Kapiteln 29 und 30 über Determinanten längerfristiger wirtschaftlicher Entwicklung, Wachstum und Wohlstand finden sich zwar Hinweise auf die Bedeutung des Arbeitsvolumens, der Arbeitsproduktivität, des technischen Fortschritts, formeller und informeller Regelsysteme und Normen (North, Weber) usw., aber es wird keine langfristige Konvergenz auf einen durch sie vorgegebenen Wachstumspfad unabhängig von Politikmaßnahmen in der „kurzen" Frist behauptet.

Eine vertikale Phillips-Kurve gibt es bei ihm entsprechend nicht, wohl aber eine mit dem Output recht linear ansteigende Kurve, auf die er zwecks Einbezug der Inflationsvariable meint, nicht verzichten zu können. Bofinger teilt aber nicht die üblichen Implikationen seit Friedman, z.B., dass eine hohe Inflationsrate mit einer niedrigen Arbeitslosenquote zu erreichen sei, sondern meint, sie hänge von der Arbeitsmarktsituation, der Produktivitätsentwicklung und den Inflationserwartungen ab (2015, S. 418), was einen Unterschied markiere. Es mag hier offenbleiben, ob man neben der Aufgabe der Kurve ohne Annahme einer zumindest über weite Bereiche flachen Phillips-Kurve nicht zwangsläufig arbeitsmarktpolitisch ins Gegenlager getrieben wird. Mit einem AS-AD-Modell wie bei Goodwin hätte er Inflationseffekte zumindest auch ohne Phillips-Kurve einbauen können.

Ab Kapitel 21 kommt auch die Zentralbank ins Spiel, die die Realzinsen entsprechend einer Taylor-Regel so auszutarieren habe, dass (bei Angebotsschocks) eine Kompromisslösung beim Konflikt zwischen angezielter Inflationsrate und Nachfragestabilisierung erfolgt. Bofinger akzeptiert das positive Bild einer am Gesamtwohl über die Taylor-Regel orientierten Zentralbank, die auch als ein unangefochtener zentraler Politakteur, allerdings bei ihm neben der staatlichen Sozial- und Finanzpolitik, ins Zentrum der Politik rückt.

Er fordert für sie die Rolle des *lender of last resort* und befürwortet weitgehend auch die unternommenen unkonventionellen Maßnahmen. Er kritisiert aber an der Taylor-Regel ihre nichtoptimale Feinjustierung, da sie bei Nachfrageschocks keine Output-Lücke von Null vorsehe (es muss hier offenbleiben, ob dies auch im Rahmen seiner Modellannahmen realistisch und praktikabel wäre).

In Kapitel 23 behauptet Bofinger, dass er die neukeynesianische Makroökonomie, über die unter Wirtschaftswissenschaftlern weitgehender Konsens herrsche, mit der IS-Kurve, seiner speziellen Phillips-Kurve und der geldpolitischen Taylor-Regel umrissen habe. Diese Aussage ist aber recht anfechtbar, da es bei ihm keine Mikrofundierung gibt, er von unfreiwilliger Arbeitslosigkeit trotz Preisflexibilität ausgeht und auch die Konvergenz auf den Langfristpfad und eine vertikale natürliche Arbeitslosigkeit oder NAIRU fehlen.

Zum Finanzsystem und zur Finanzkrise hat der Autor in den letzten Auflagen stark nachgebessert. Kapitel 26 behandelt den Geldschöpfungsprozess, Einlagen entstehen durch Kreditvergabe, der Geldschöpfungsmultiplikator lege eine falsche Kausalität nahe. Zufriedenstellend ist das Kapitel aber nach wie vor nicht, da dann doch häufiger der Multiplikator ohne Einschränkung zugrunde gelegt wird und die Zentralbank ohne jegliche Relativierung die Banken über das Bargelderfordernis und die Mindestreserve kontrollieren könne und eine Kreditvergabe immer mit einem Abfluss an Zentralbankgeld verbunden sei (siehe Brichta/Voglmaier 2013 zu den tatsächlichen Zusammenhängen).

Dementsprechend erfahren dann auch die durch Geldschöpfung der Privatbanken verursachten Kreditbooms und die denkbare Radikalkur durch die Einführung einer Vollgeldreform keine Beachtung und bei der Vorstellung Irving Fishers wird sein entsprechender Vollgeldvorschlag nicht erläutert (2015, S. 429).

Als Ursachen der Finanzkrise werden in Kapitel 17 niedrige Zinsen im Vorfeld der Finanzkrise, der auch durch Verbriefungen usw. angefachte Bauboom in einigen Ländern, die nach Bofinger erst durch die Lehman-Pleite richtig ausgebrochene Vertrauenskrise und die Eurokrise durch exzessive Privatverschuldung und fehlendes Risikobewusstsein (nicht zuletzt wegen falscher Ratings) erklärt. Als nicht dem Mainstream entsprechende Erklärung kommt bei ihm die Divergenz der Lohnstückkosten hinzu (wobei er Deutschland nicht als Hauptverursacher ausmacht, sondern auch die Defizitländer ihren gewichtigen Anteil haben), was zur Forderung produktivitätsorientierter Lohnpolitiken führt. Es kommt für ihn die in der Literatur so bezeichnete „originäre Sünde" bei der Konzeption der EZB hinzu, nicht auch als Retter der letzten Instanz hinsichtlich der Staatsanleihen vorgesehen worden zu sein.

Das Insolvenzrisiko durch die No-Bailout-Klausel im Vertrag über die Arbeitsweise der europäischen Union (AEUV) sei v.a. durch die unkonventionellen Maßnahmen der EZB abgewendet und ein schlechtes Gleichgewicht mit entsprechendem Teufelskreis vermieden worden. Auch sieht er im Unterschied zum Mainstream die (erzwungene) Sparpolitik der Krisenländer sehr kritisch, da sie die makroökonomischen Krisen nur vertieften.

Insofern unterscheidet sich das LB eindeutig von den vorher besprochenen. In der Krisendiagnose bleibt es aber doch auch eher additiv und diskutiert z.B. nicht offenkundige endogene Instabilitäten des (deregulierten) Finanzsystems und ihm innewohnende Selbstverstärkermechanismen. Deren allgemeine Logik wird dann erst in Kapitel 29 über die längerfristige Entwicklung von Volkswirtschaften anhand des Spinnweb-Theorems aufgegriffen. So gibt es auch kein Charakterbild Minskys im LB, das mit Adam Smith abschließt (2015, S. 610). Überraschenderweise präsentiert Bofinger auch überhaupt keine Regulierungsvorschläge für die Finanzmärkte und gibt keinen Überblick über die kontroversen Diskussionen und Vorschläge verschiedener Denkschulen (Peukert 2013).

Das LB klammert insbesondere die Neuklassik, Teile des Neukeynesianismus, das neue Konsensmodell, die Neuro-, Informations- und Komplexitätsökonomie, den Altinstitutionalismus, den österreichischen Ansatz, den Post-Keynesianismus, die Sozioökonomie, den Regulationsansatz und den Ansatz der Radicals, den Neoricardianismus, die ökologische und die feministische Ökonomik weitestgehend aus. Bofinger teilt M1, M3, M9, M10 und weitgehend M11 (siehe Kapitel 1). Hinsichtlich M2 hält er zwar den Homo Oeconomicus für eine ganz passable Annahme, vertritt aber zumindest im makroökonomischen Teil keinen methodologischen Individualismus, warnt vor Rationalitätsfallen und hält im makroökonomischen Teil die Mikrofundierung praktisch für entbehrlich, die im mikroökonomischen Teil dennoch breiten Raum einnimmt.

Hinsichtlich M4 unterstützt er zwar die subjektive Wertlehre und z.B. das Angebots-Nachfrage-Schema, aber v.a. bezüglich des Arbeitsmarktes wendet er dieses nicht gemäß der Devise „alle Märkte besitzen die gleiche Eigenlogik" an. Zwar finden sich Anklänge an eine voluntaristische Sozialkontrakttheorie in seinen Ausführungen zur Sozialen Marktwirtschaft, aber die Tendenz zur Markträumung wird doch auch deutlich relativiert durch die Einführung der keynesianischen unfreiwilligen Arbeitslosigkeit trotz flexibler Löhne.

M5 betreffend vertritt Bofinger daher – trotz der starken Anerkennung der Koordinationsleistungen von Märkten und nur begrenzter Fragezeichen hinter der fortschreitenden Globalisierung – einen konzeptionell nicht von vornherein stark eingeschränkten Interventionismus, ohne mit ihm verbundene Probleme und mögliches Staatsversagen zu verschweigen. Zu M6 deutet er mehrfach Meinungsverschiedenheiten in der ökonomischen Profession an, ohne diese zu vertiefen und die Unterschiede seiner Ausführungen zu den heute vorherrschenden (DSGE-)Modellen offensiv anzugehen. Er führt viele Daten und institutionelle Gegebenheiten in der historischen Zeit an, legt aber auch Wert auf kleine formale Darlegungen und Schaubilder.

Ebenso legt er großen Wert auf Ungleichheit und Verteilungsfragen (M7, wenngleich weniger im mikroökonomischen Teil) und spricht sich für eine konstruktive Rolle der Gewerkschaften aus. Aber Marktmacht an sich und multinationale Unternehmen oder die Armut in Entwicklungsländern kommen neben der Behandlung beim Oligopol und Monopol eher selten vor.

Zur Geld- und Finanzsphäre (M8) stellt er die Geldschöpfung zwar halbwegs zutreffend dar, könnte aber bei der Erklärung der Finanzkrise etwas systematischere Aspekte und v.a. Regulierungsvorschläge ansprechen. Allerdings werden die fragwürdigen Auswirkungen und begrenzten Erfolge der Sparpolitiken im Euroraum deutlich gemacht. Insgesamt kann das LB trotz der angeführten Einseitigkeiten und Schwächen als durchaus akzeptable Alternative v.a. zu Mankiws LB angesehen werden.

Die LB von Dornbusch et al. (2004), Burda/Wyplosz (2017), Samuelson/ Nordhaus (2010), McDowell et al. (2012), Taylor/Weerapana (2012), Stiglitz/Walsh (2013), Mishkin (2015), Krugman/Wells (2017), Blanchard et al. (2017) und Williamson (2018) entsprechen trotz einiger unterschiedlicher Schwerpunktsetzungen von der Ausrichtung her dem LB von Blanchard und Illing hinsichtlich der *New Consensus Macroeconomics* und der marktaffinen Grundhaltung. In der Lehre werden sie deutlich weniger eingesetzt als die bisher diskutierten LB (Rebhan 2017, Kapitel 3).

Barro (2008; ähnlich Barro/Grilli 1996) weicht hiervon insofern ab, als sein LB einen (neuklassischen) Real-Business-Ansatz mit durchgängig rationalen Erwartungen zugrunde legt. Nicht vertreten sind LB, die DSGE-Modelle in den Mittelpunkt stellen und die Mikrofundierung und auch formale Vertiefungen anbieten wie Wickens (2011), dessen LB in der Lehre alleine schon wegen seines Schwierigkeitsgrades kaum zum Zuge kommen kann.

Kapitel 4: Weitere Makrolehrbücher und Vorschläge   99

Eine erklärtermaßen marktwirtschaftlich-liberale Ausrichtung findet sich weniger bei Arnold (2016), recht deutlich aber bei Woll (2011), Siebert/Lorz (2007), Rothengatter/Schaffer (2006) und in den wenig formalen, problemorientierten und durchaus anregenden Beiträgen von van Suntum (2013), Beck (2009) und Beck (2012).

Faire und klare Unterscheidungen zwischen den Denkschulen und ihren Basishypothesen finden sich bei Funk (2008), Dorn et al. (2010), Baßeler et al. (2010), Mussel (2013), Hanusch et al. (2002) und Woltmann (2012). Angenehm fallen die LB von Feenstra/Taylor (2008) und Gärtner (2009) durch ihre nicht einseitigen wirtschaftspolitischen Stellungnahmen auf.

Die Berücksichtigung institutioneller Aspekte weisen die LB von Edling (2010), Knorring (2010), Bartling/Luzius (2014) auf. Besonders zu erwähnen sind Lampert/Bossert (2010), deren Überblick über die Institutionen der Sozialen Marktwirtschaft als Ergänzung zur Standardliteratur trotz einer gewissen wirtschaftspolitischen Einseitigkeit hinzugezogen werden könnte. Welfens (2013) setzt neben elementarer Mikro- und Makroökonomie den Schwerpunkt auf die europäische Integration und andere institutionelle Zusammenhänge, dogmengeschichtliche Bezüge (Ordoliberalismus), Wirtschaftsordnungsfragen und das Phänomen Globalisierung. Kirchgässners Beitrag (2000) ist kein LB, sondern behandelt zustimmend, aber auch mit durchaus intelligenten Überlegungen die Annahme des Homo Oeconomicus und seine Verwendung in anderen Sozialwissenschaften.

Das kurze LB von Dasgupta (2007) ist das einzige, in dem konsequent in allen Kapiteln ein Vergleich zwischen den Lebens- und Produktionsbedingungen von Menschen in „hochentwickelten" und in Entwicklungsländern vorgenommen wird. Als Beispiel für die Entwicklungsländer dienen arme Kleinbauern im Südwesten Äthiopiens ohne Elektrizitäts- und Wasserversorgung. Es macht die ansonsten in allen LB selbstverständliche Einseitigkeit der LB bewusst, die aus der Sicht „moderner" Volkswirtschaften geschrieben werden.

Sheehan (2010) macht anhand des unterschiedlichen Konsumentenverhaltens und der vorherrschenden Marktsituationen darauf aufmerksam, dass es eigentlich vier recht verschiedene ökonomische Ansätze und nicht nur den (auch noch verzerrten) Ansatz entwickelter Konkurrenzwirtschaften geben müsste, nämlich einen für die unter absoluter ökonomischer Knappheit lebenden *people of poverty* (30 Prozent der Weltbevölkerung), einen für die *people of adequacy* (60 Prozent) und einen

Ansatz für die durch Überfluss und Sättigungserscheinungen gekennzeichneten *people of plenty* (30 Prozent, unter ihnen das eine Prozent der *people of luxury*).

Bei der letztgenannten Gruppe sei es so, dass internationale „corporations instigate markets by the development of products; choose the brand image for the product; propose the prices to be charged; pick the locations in the managed market-place where the products are sold; engage the active persuaders to communicate commercial messages about the products; and rent the space in the mass media where the messages are widely disseminated" (Sheehan 2010, S. 199-200). Die vorherrschenden LB operieren mit einem Knappheitsbegriff der *people of poverty*, die übrigens auch im globalen Norden anzutreffen sind, setzen aber ein mögliches Konsumniveau der *people of plenty* voraus und klammern neben Randbemerkungen zur monopolistischen Konkurrenz fast völlig Unterkonsumption als strukturelles Grundproblem der Ökonomien der *people of plenty* aus, der durch massive Marketingpropaganda begegnet werde.

Homann/Suchanek (2005) bieten einen konsequent neu-institutionenökonomischen Ansatz an, nach dem in Marktwirtschaften gemeinsame und konfligierende Interessen im Wirtschaftsleben konstruktiv vermittelt werden. Sie vertreten ein Interaktionsparadigma mit Dilemmastrukturen, die so zu gestalten seien, dass Kooperationsgewinne entstehen. Ökonomische Probleme seien nicht technischen, sondern sozialen Charakters und es gehe dabei um Kooperation versus Konflikt und um ein Management der Sozialbeziehungen. Wettbewerb habe eine Disziplinierungs-, Entdeckungs- und Entmachtungsfunktion, wobei die Autoren keineswegs frei von marktapologetischen Untertönen sind. Ein oder zwei Grundlagenkapitel würden sich aber gut für eine zu den üblichen Darstellungsweisen komplementären, institutionenökonomischen Zugang eignen, der durch einen kritischen institutionenökonomischen Beitrag (z.B. Veblens oder Commons') ergänzt werden könnte.

Vom Theoriedesign her stechen Rothengatter/Schaffer (2008) mit ihrem nicht allzu langen, leider in keiner neueren Auflage vorliegenden LB hervor. Es ist nicht explizit heterodox, aber es bringt viele institutionelle Details, beleuchtet Licht- und Schattenseiten der Globalisierung, den Klimawandel, vergleicht die Unterbeschäftigungstheorien von Keynes, der Neoklassik und des Monetarismus usw. Die Besonderheit liegt aber im Aufgreifen des Malinvaudschen Ungleichgewichtsansatzes, aus dem sich unterschiedliche Regime der wirtschaftlichen Situation ergeben und durch den man in Abhängigkeit von der jeweiligen Konstellation zu ganz unterschiedlichen wirtschaftspolitischen Forderungen kommt. Ein solcher Malinvaudscher Regimevergleich könnte auch eine konstruktive Rolle in einem pluralen Curriculum spielen.

Auch die Grundlagen der Evolutorik werden vorgestellt, wenn auch sehr stark an Hayek und Schumpeter ausgerichtet. Auf die Evolutorik folgen die Systemdynamikanalyse mit positiven Rückkoppelungen, der Walras-Auktionator und die zugrunde liegenden Annahmen und adaptive und rationale Erwartungen, unvollständige Informationen und Spekulationskrisen (Minsky) sowie Spürnasen-, Herden- und Vertrauensroutinen. Das LB demonstriert, was man alles auf vergleichsweise wenigen Seiten bieten kann.

Carlin und Soskice gehen von einem leicht modifizierten monetären Makromodell mit einer Phillips-, einer IS-, einer Lohnsetzungs- und einer Preissetzungs-Kurve aus (2015, S. 91). Dieser liegt, wie gesehen, ähnlich auch bei Blanchard und Illing vor (2017, S. 238). Zur Einordnung in den neukeynesianischen makroökonomischen Mainstream samt Kritik siehe Stirati (2018), zur Vorgeschichte und Fachdiskussion zum LB siehe mit Literaturverweisen Lavoie (2015) und die kritischen Beiträge und Veränderungsvorschläge in Fontana/Setterfield ((Hrsg.) 2010), die von Carlin und Soskice in der Neuauflage mit einer sekundären Ausnahme nicht aufgegriffen wurden.

Die Verfasser gehen in ihrem gut verständlichen, aber auch formal v.a. in den Anhängen präzisierenden LB bei der Lohnsetzungsgleichung von einem Effizienzlohnansatz angesichts der Unvermeidbarkeit unvollständiger Verträge aus, der unfreiwillige Arbeitslosigkeit erlaubt. Zudem bringen sie eine Vielzahl von Literaturbelegen und untermauern ihre Aussagen mit Verweisen auf empirische Beiträge. Sie zeichnen v.a. nach der Finanzkrise erfolgende wirtschaftspolitische Diskurse angemessen nach; bei aller Befürwortung werden z.B. auch die eventuellen Nachteile von Quantitative Easing angeführt (2015, S. 489-492).

In der Version des LB vor der Finanzkrise (Carlin/Soskice 2006) spielen allerdings eventuelle Probleme der Geldpolitik der Zentralbanken und überhaupt Finanzmärkte, oder gar deren potentielle Instabilität, gar keine Rolle. Finanzmärkte kommen einfach nicht vor, nur die Möglichkeit von *bank runs* wird nebenbei erwähnt (2006, S. 263-264). Auch bei ihrer Beschreibung der Entwicklung der Ökonomie der USA seit den 1990er Jahren taucht die Deregulierung der Finanzmärkte nicht auf.

Sie verorten sich als dem vorherrschenden Konsens des ‚mainstream New Keynesian macro model with microfoundations and rational expectations' zugehörig (2006, S. IX-X). Sicher auch deshalb sind die Autoren kurz vor Ausbruch der Finanzkrise völlig ahnungslos und bemerken überhaupt nicht den stetigen Aufbau der Instabilitäten vor ihren Augen beim Verfassen des LB. Es ist angesichts dieser Mainstreamverortung schon erstaunlich, dass das als große Alternative geplante LB des Core Teams (2017, siehe weiter unten) Wendy Carlin die Federführung übertrug.

Insbesondere die neue Version steht aber ohne Frage auf einem deutlich höheren Niveau als die in der Lehre in Deutschland vorherrschenden LB. Es zieht ein Grundmodell konsequent unter innovativem Einschluss offener Ökonomien durch. Explizit werden die Annahmen genannt, wann sich welche Preise und Mengen ändern (Carlin/Soskice 2015, S. 50). Bei einem Nachfrageschock ändern sich zunächst Output und Beschäftigung, nach der nächsten Lohnrunde die Löhne und bald darauf die Güterpreise.

Außerdem gehen Carlin und Soskice auf die Ursachen und den Verlauf der Finanzkrise (Unsicherheit, Herdenverhalten, Kreditrationierung usw.) tiefer ein (wobei offenbleiben mag, ob sie dies erkenntnisfördernd in ihr Basismodell integrieren könnten, siehe Kapitel 7). Sie grenzen sich von den vorgestellten Ansätzen der Neuklassik, der Real Business Cycles und neukeynesianischer DSGE-Modelle und z.B. deren Betonung der intertemporalen Substitution zwischen Arbeit und Freizeit als zentraler Variable ab.

Sie vertreten nicht die These einer großen neuen Synthese und unterstreichen, dass ihr Ansatz ein Ungleichgewichtsmodell sei, bei dem nur die Zentralbank rational-vorausschauende Erwartungen bei ansonsten adaptiven Zeitverzögerungen, einer *lagged inflation* und einer nichtvertikalen Phillips-Kurve habe. Die Zentralbank führe nach Schocks primär durch ihre an der Taylor-Regel orientierte Geldpolitik auf den mittelfristigen Gleichgewichtspfad zurück und stelle insofern den (institutionellen) Mechanismus vor, der die Ökonomie zurück zum Gleichgewicht führe.

Auch enthalten sie sich einfacher marktaffiner Rezepte, ihre optimale fiskalpolitische Regel sieht z.B. vor, dass Infrastrukturausgaben durchaus schuldenfinanziert werden können, nicht aber z.B. längerfristige Pensionsverpflichtungen (2015, S. 538). Auch werden unterschiedliche „Arbeitsmarktregime" und institutionelle Arrangements diskutiert und u.a. wird das extensive deutsche Kurzarbeitergeld nach der Finanzkrise als erfolgreiche institutionelle Maßnahme vorgestellt (2015, S. 578-579). Allerdings geht dies nicht aus ihrem Basismodell hervor und sie enthalten sich näherer Ausführungen über die Stärke und die Wirkungstempi der fundamentalen Attraktoren.

Aus pluraler Sicht hinterlässt das LB einen sehr ambivalenten Eindruck, da Instabilitäten (nur) durch externe Schocks hervorgerufen werden, das Beschäftigungsvolumen auf dem Arbeitsmarkt bestimmt wird und Fiskalpolitik und überhaupt dem Staat, der erst ab Kapitel 14 in Erscheinung tritt, eine sehr untergeordnete Rolle zukommt. Auch stehen sie Hysterese-Effekten skeptisch gegenüber (2015, S. 567-568, siehe aber Stanley 2013). Es gibt zwar keine Geldangebotsfunktion im LB, aber die Geldschöpfung aus dem Nichts wird nicht wirklich erklärt (2015, S. 153-154).

Vor allem aber gibt es in dem Basismodell von Carlin und Soskice eine natürliche bzw. gleichgewichtige Arbeitslosenquote bzw. NAIRU, auf die die Wirtschaftspolitik zielen sollte. Insbesondere durch die Annahme von Preisrigiditäten bestehe ein gewisser Raum für Fiskalpolitik in der kurzen Frist, doch auch das völlige Ausbleiben kontraktiver Effekte dank positiver Erwartungen auf eine staatliche Konsolidierungspolitik sei möglich (2015, S. 528-529) und Fiskalkonsolidierung sei auf lange Sicht vorteilhaft für das Wachstum (2015, S. 530). Mindestlöhne und Arbeitslosengeld sowie Gewerkschaften und Steuern erhöhen in ihrem Basismodell die natürliche Arbeitslosenquote; sie künstlich senken zu wollen, führe nur zu ständig steigenden Inflationsraten. Sie bringen Schaubilder, die zeigen sollen, dass die flexiblen Arbeitsmärkte in den USA und Großbritannien tatsächlich mit niedrigeren Arbeitslosenquoten einhergehen als in stärker regulierten europäischen Ländern (2015, S. 54).

Vroey (2016, S. 239-246) bemerkt wenig überraschend, dass dies doch sehr Friedmans Modell und seinen Politikfolgerungen entspreche und „a striking case of backfiring" (2016, S. 246) sei. Nähme man zudem an, die Arbeitnehmer würden nicht betrügen und sich mit steten Abwanderungsgedanken tragen, so wäre jeder Punkt auf der horizontalen Preissetzungskurve aus Sicht der Unternehmen ein Gleichgewicht, so dass ohne das „egoistische" Verhalten der Arbeitnehmer eine z.B. durch Fiskalpolitik erfolgende Rechtsverschiebung der IS-Kurve und höherer Beschäftigungsstand nicht in eine ungesunde Inflation münden würde. Insofern sind Arbeitnehmer aus moralökonomischer Sicht an unfreiwilliger Arbeitslosigkeit selber schuld.

Neben diesen unvermeidlichen Folgen des bei Carlin und Soskice modifizierten Mainstreammodells fragt es sich, ob neben der Stichhaltigkeit der IS-Kurve (Investitionen nur vom Zinssatz abhängig) die Unterstellung gesamtwirtschaftlicher, stabiler und zudem voneinander unabhängiger Lohn- und Preissetzungskurven realitätsnah ist oder nicht. Zur Lohnkurve, die übrigens genau umgekehrt zu den traditionellen Darstellungen ausfällt, bei denen höhere Löhne mit sinkender Beschäftigung einhergehen, führen sie (siehe 2015, S. 52) Nijkamp/Poot (2005) als empirischen Beleg an.

Deren Studie bezog sich aber nur auf *lokale* Arbeitsmärkte und ihre Autoren betonen, hieraus keinen Zusammenhang mit der Phillips-Kurve herstellen zu können, die im LB von Carlin und Soskice aber so abgeleitet wird (2015, S. 67-68). Eigentlich überrascht ihr Ergebnis, dass bei einer zehnprozentigen Zunahme der Arbeitslosigkeit die Löhne (nur) um 0,7 Prozent sinken. Sie heben die starke Heterogenität von −0,5 bis +0,1 hervor; für den Ausnahmefall Südkorea beträgt die Elastizität bescheidene 0,04. Das LB verweist auch auf Blanchflower/Oswald (1995), die aber auch nur lokale Arbeitsmärkte im Blick hatten und einen Durchschnittswert von −0,1 Prozent angeben und für Großbritannien einen Wert von 0,08.

Ihr Hinweis auf die theoretische Unterlegung durch Shapiro/Stiglitz (1984) lässt unerwähnt, dass diese annehmen, dass *alle* Unternehmen aus effizienzlohnorientierten Überlegungen die Löhne über dem Reservationslohn ansetzen, was zu negativen Externalitäten führt, da dann die Arbeitslosigkeit hoch genug sein muss, um die Arbeitnehmer dennoch vom Abwandern und Betrügen abzuhalten. So ergeben sich verschiedene Konstellationen, die zur Forderung von Lohnsubventionen und Arbeitslosenversicherungen zur Herbeiführung paretoeffizienter Lösungen führen können. Der Titel ihres subversiven Beitrages („Equilibrium unemployment as a worker discipline device") weist darauf hin, dass ihr Ansatz eher den Marxschen Überlegungen zur Notwendigkeit einer industriellen Reservearmee als Disziplinierungsinstrument ähnelt als den letztlich effizienzorientierten Überlegungen von Carlin und Soskice.

Es wurde bereits bei der Diskussion des LB von Blanchard und Illing auf Fontana/Setterfield ((Hrsg.) 2010) hingewiesen. Der Band enthält einige Alternativmodelle zu dem auch von Carlin und Soskice verwendeten neuen Konsensmodell, die sich bestens für eine plurale Lehre eignen. Besonders hervorgehoben werden soll noch einmal der Reformulierungsvorschlag von Lavoie (2010), der das Basismodell der LB um vier Aspekte erweitert bzw. verändert.

Er zeigt auch diagrammatisch übersichtlich, dass ein mittlerer, flacher Teil der Phillips-Kurve realökonomische Auswirkungen hat und die monetäre Politik durchaus den langfristigen Realzins erhöhen und den Output senken kann, dass eine fiskalpolitisch angeregte ökonomische Aktivität ohne Inflation machbar ist und eine Erhöhung des Wachstums nicht nur von der Angebots-, sondern auch von der Nachfrageseite her erfolgen kann, da z.b. ein knappes Arbeitsangebot und physikalische Grenzen zu Innovationen führen können.

Dank der Federführung Wendy Carlins beim LB des Core Teams (2017) erinnert dieses von George Soros finanziell unterstützte und mehr als 1000 Seiten umfassende, präzise, aber nicht sehr formal angelegte LB mit einem internationalen Verfasserstab an das Kerngerüst von Carlin/ Soskice (2015). An dieser Stelle kann der Inhalt des LB nicht angemessen zusammengefasst werden (zur Entstehungsgeschichte siehe Sheehan et al. 2015, S. 211-219 und die dort angegebene Literatur).

Es versteht sich als erster Schritt in Richtung eines alternativen Paradigmas, das auf Keynes' Nachfragetheorie, Hayeks Betonung von (asymmetrischen) Informationen und Ansätzen zur sozialen Interaktion (Spieltheorie) basiert, ergänzt durch u.a. Ergebnisse der Verhaltens- und der Institutionenökonomie. Man kann im LB an vielen Stellen durchaus eine nur sehr begrenzt alternative Perspektive herauslesen: Die Mathematik sei nicht alleine relevant, Malthus habe falsch gelegen, da es allen bessergehe und der ökonomische Fortschritt sich in mehr Freizeit und mehr Gütern niederschlage, das Indifferenzkurvenkonzept wird verwandt, Unterschiede in den Arbeitszeiten seien auf unterschiedliche Präferenzen der jeweiligen arbeitenden Bevölkerung zurückzuführen, Blasen und Finanzkrisen werden auf Seite 480 erstmals angesprochen, bereits zu Anfang die Segnungen der industriellen Revolution gepriesen usw.

Dennoch weicht es qualitativ von den vorherrschenden LB ab, da es mit einem Geschichtsüberblick zur kapitalistischen Revolution beginnt und die Einbettung in den ökologischen Rahmen umfasst (Kapitel 20 zur Umweltökonomie ist allerdings recht zurückhaltend), beim spieltheoretischen Teil auch altruistisches und reziprokes Verhalten einbezogen wird und damit eine einseitige mikroökonomische Fundierung vermieden wird, in einem Kapitel über Eigentum und Macht gegenseitige Vorteile und Verhandlungsmacht und Pareto-Optimalität und Fairnesskonzepte thematisiert werden, die vollkommene Konkurrenz erst in Kapitel 7 vorgestellt wird, inklusiv orientierten Gewerkschaften Positives abgewonnen wird, im Teil über Außenwirtschaft und komparative Kostenvorteile auch die Sicht der Verlierer abgehandelt wird, das ganze Kapitel 19 Ungleichheit umfassend beleuchtet und das recht gelungene Überblickskapitel 17 einen weiten Bogen von der Weltwirtschaftskrise über die golden Jahre bis zur jüngeren Finanzkrise spannt. All dies geht nicht nur mit der Präsentation vieler Details einher, sondern auch unter Rückgriff u.a. auf Minsky und positive Rückkoppelungsprozesse.

Zwar enthält das LB die übliche Lohn- und Preissetzungskurve, die Phillips-Kurve sowie die Fristenunterscheidungen, so dass in der langen Frist der Kapitalstock, der technische Fortschritt usw. eine herausragende Rolle spielen. Im Kernkapitel 15 kommen die natürliche Arbeitslosenquote und das Motiv der externen Schocks vor und in gewissem Sinne folgt das LB der Grundlogik des *New Macroeconomic Consensus* (dessen verschiedene Denkschulen überraschenderweise in diesem LB überhaupt nicht diskutiert werden; auch das IS-LM-Schema fehlt). Diese Grundlogik tritt aber nur sehr indirekt und deutlich abgeschwächter als in Carlin/Soskice (2015) hervor.

In Kapitel 14 mit dem 45-Grad-Diagramm, dem Multiplikator usw. wird zwar gefordert, dass zusätzliche Fiskalstimuli später wieder ausgeglichen werden sollten und die Ansichten der *Modern Money Theory* und die eigentliche Geldsouveränität und Nichtbudgetbeschränkung des Staates bleiben unberücksichtigt (siehe die Kritik von Mitchell 2017), aber es werden einer ausgleichenden Fiskalpolitik keine engen Grenzen durch eine vertikale Phillips-Kurve oder rationale Erwartungen gesetzt, wie sonst üblich, und es wird eben nicht behauptet, aus Sicht der mittleren Frist seien diese wirkungslos.

Das Core Team thematisiert nicht das Thema Hysterese, geht aber offensiv die Frage an, ob es nicht sehr bzw. zu lange dauern kann, bis sich z.B. die Arbeitsmärkte einpendeln und die Arbeitslosigkeit sinkt. Ein Beispiel zeige, „the long run is a very long time" (2017, S. 721). In einem gewissen Kontrast hierzu überrascht Kapitel 22 zur Politikdimension, da Stabilisierungspolitik kaum angesprochen wird, der Staat doch über weite Teile des Kapitels negativ als Monopolist und Versager beschrieben wird und über den öffentlichen Bereich bzw. den Staat generell keine größeren gestalterischen Weichenstellungen (z.B. der ökologische Umbau) ange-

Kapitel 4: Weitere Makrolehrbücher und Vorschläge   107

dacht werden (zu einer aktivistisch-gestalterischen Sicht des Staates siehe z.B. aus der Perspektive der *Radicals* Mitchell/Fazi 2017).

Es fehlt in diesem LB überhaupt eine Art Mission Statement, das neben dem Credo, die Wirtschaft verstehen zu wollen, fehlt und die Autoren erklären nicht, was ihnen am Herzen liegt und von welcher (normativen) Warte sie ausgehen.

Obwohl das LB im Vergleich zu den LB des Mainstreams eine vergleichsweise ansprechende Leistung und Alternative darstellt, ist doch dem Gesamturteil von Sheehan et al. v.a. hinsichtlich der pluralen Dimension zuzustimmen: Das Core Team, „[is] *telling them* [the students] *what to think, rather than giving them something to think about* […] All that is needed is for economics to assimilate a few aspects of history and deviations from optimality, with a nod to some ‚real world' examples, coupled with, perhaps, recognition of some alternative positions, such as Minsky's work on financial instability. As such, the innate conservatism of the economics profession seems to dominate the CORE project, undermining its otherwise potentially transformative intent" (2015, S. 213 und 216).

Galbraith und Darity (2005) dürften auf dem Einführungsniveau eines der besten und am wenigsten beachteten LB überhaupt geschrieben haben, in dem die Studierenden als Reflexionspartner ernst genommen werden. Das LB ist postkeynesianisch ausgerichtet, zeichnet sich aber durch eine faire Darstellung anderer Meinungen aus. Theorien seien auch abhängig von einem *Preframing* und voranalytischen Vermutungen. Die Autoren behaupten keine großen Synthesen, sondern heben verschiedene Annahmen der Ansätze hervor und betten sie in wirtschaftsgeschichtliche Hintergründe und Zusammenhänge ein.

Die ersten drei Kapitel gehen auf die Dogmen- und Wirtschaftsgeschichte ein: Wie kam es zur Makroökonomie, die Klassik und Keynes (inklusive entsprechender Modelle) und verschiedene Gleichgewichtskonzepte werden kontrastiert. Beim 45-Grad-Diagramm und IS-LM-Modell wird auch Verständnis für die Hintergrundannahmen und wirtschaftspolitischen Folgerungen geweckt und ihnen trotz späterer „Weiterentwicklungen" eine gewisse, begrenzte Berechtigung zugesprochen, bei der Phillips-Kurve aber die Nichtstabilität betont.

Teil 3 stellt den Monetarismus und die Neuklassik und z.B. sehr gut die Geldschöpfung und das tatsächliche Verhalten der FED vor und erläutert Minsky-Instabilitäten. Kapitel 8 beschreibt den Ansatz rationaler

Erwartungen, das AS-AD- und IS-LM-Modell mit Erweiterungen hinsichtlich des Preisniveaus und der notionalen Nachfrage. Bei offenen Ökonomien werden Schuldenkrisen, Kapitalflucht usw. und ein asymmetrisches Nord-Süd-Modell (Kapitel 11) diskutiert. Kapitel 12 widmet sich dem Post-Keynesianismus (endogenes Geld, *mark-up pricing,* was bestimmt die Investitionen usw.) und Kapitel 13 entwickelt das Z-O-Modell als realistische und auch diagrammatisch gut verständliche Alternative zu IS-LM-PC oder AS-AD.

Aus Raumgründen wird an dieser Stelle darauf verzichtet, den fundierten und umfassenden Beitrag von Lavoie (2014) näher zu beleuchten, der einschließlich methodologischer Reflexionen einen an einigen Stellen deutlich über eine Einführung hinausgehenden heterodoxen, klar postkeynesianisch ausgerichteten Ansatz zur Entscheidungstheorie, der Theorie der Unternehmen, zu Kredit, Geld und Banken, effektiver Nachfrage und Beschäftigung, offenen Volkswirtschaften, der Inflationstheorie usw. vorstellt. Er kann neben Kings (2015) kurzem und verständlichem Beitrag gut als Einführung in diese bestimmte Theorierichtung herangezogen werden kann.

Auch auf das heterodoxe, aus einer an der klassischen politischen Ökonomie ausgerichteten und postkeynesianischen Perspektive geschriebene, leider nicht mehr neu aufgelegte LB von Robinson/Eatwell (1980) kann hier nur hingewiesen werden.

Ein plural angelegtes LB stammt von Felderer/Homburg (2005), auch hiervon gibt es keine Neuauflage (siehe auch das Übungsbuch von Drost et al. (2003); die englische Variante (1992) ist deckungsgleich mit der ursprünglichen deutschen Ausgabe). Das LB geht davon aus, dass es verschiedene Methodenverständnisse und doktrinäre und wirtschaftspolitische Differenzen zwischen den ökonomischen Denkschulen gibt, die die Verfasser ohne unnötigen Formalismus gut verständlich herausarbeiten. Alle Ansätze würden auf die eine oder andere Art und Weise Einsichten in den Wirtschaftsablauf verbessern.

Thematisiert werden die klassisch-neoklassische, die keynesianische, die neuklassische, die neokeynesianische und die neukeynesianische Theorie. Der von den Autoren weniger geschätzte Postkeynesianismus kommt nicht zu Wort und als Schwäche des LB ist die Tatsache anzusehen, dass die Darstellung der keynesianischen Ansätze nur über Preisrigiditäten und die Sonderfälle (Liquiditätsfalle usw.) aufgezogen wird (Hein 2016).

Eine leider auch nicht neu aufgelegte Einführung und Kritik ist der zwar nicht formale, aber sehr niveauvolle Beitrag von Cohn (2007), der seinen heterodoxen Bias klar markiert und nicht versteckt. Sehr knapp und verständlich geht er zunächst auf die philosophischen und methodologischen Positionen zwischen Neoklassik und Heterodoxie anhand grundlegender Dichotomien unter Einbezug der „Subtexte" ein, auch präsentiert er gekonnt „heterodoxe Images". Am Schluss fast jedes Kapitels werden die Unterschiede der Ansätze sehr gelungen durch Aufführung dichotomischer Unterschiede zwischen ihnen festgehalten.

Das Angebot-Nachfrage-Diagramm wird auseinandergenommen und kritisch ergänzt, BIP-Berechnungen werden hinterfragt, Keynes' Intuition erläutert, Geld- und Finanzmärkte in einen weiteren Kontext gestellt, das AS-AD-Modell kritisch rekonstruiert, neu vermessen und heterodoxe Alternativen angeführt, die neoklassische Sicht der Arbeitsmärkte und eine auf Vollbeschäftigung zielende Alternativpolitik behandelt und u.a. eine ökofundamentalistische Problemexposition geboten.

Das gut verständliche, aber analytisch immer den Kern treffende Buch ist eine seltene Kombination aus der Vorstellung der Inhalte des Mainstreams, seiner inhaltlichen Kritik und der Vorstellung von Alternativkonzepten, die auch unabhängig von der Präsentation der Mainstreamansätze als ergänzendes Material herangezogen werden können.

Snowdon et al. (1994) bieten eine kaum formale, niveauvolle und gut verständliche, faire, kritische und an den Basishypothesen der Ansätze orientierte Einführung in auch neuere Denkschulen (insgesamt Keynes und die ursprüngliche Klassik, der IS-LM-Keynesianismus, der Monetarismus, die Neuklassik, der Real-Business-Cycles-Ansatz, der Neukeynesianismus, die österreichische Schule und der Postkeynesianismus werden vorgestellt), ergänzt durch interessante Interviews mit Hauptexponenten der jeweiligen Schulen. Der in weiten Teilen identische Überblick von Snowdon/Vane (2005) enthält zudem Kapitel über die neue politische Makroökonomie und Wachstumsmodelle. Der hier von Roger Garrison geschriebene Teil über die österreichische Schule fällt nunmehr deutlich formaler aus und der Teil über die postkeynesianische Schule stammt jetzt von Paul Davidson.

Ein keynesianisches Durchdeklinieren des IS-LM-Modells für die kurze, mittlere und lange Frist als Basismodell der Makroökonomie bieten Flaschel et al. (2012) – wenngleich an vielen Stellen mit einer deutlich komplizierteren und formaleren Vorgehensweise als in üblichen Einführungslehrbüchern. Die Besonderheit des hier nicht im Detail vorzustellenden LB besteht darin, dass die Hintergründe und Basishypothesen sowie Varianten des Modells vertieft dargelegt werden und statt der üblichen Durchmischung verschiedener Denkschulenansätze konsequent das IS-LM-Modell auf die drei Fristen angewandt wird.

Peter Dormans Einführung (2014) ist wenig formal, doch sehr niveauvoll, kenntnisreich und elegant geschrieben. Der Verfasser erläutert die Grundinhalte der Makroökonomie aus einer plural-vergleichenden Perspektive ((Neu)Klassik versus Keynes) unter Einbezug dogmen- und wirtschaftshistorischer und empirischer Daten und Zusammenhänge einschließlich neuerer Entwicklungen (*Great Moderation*, Finanzkrise usw.). Der Autor vertritt nicht einseitig eine bestimmte Denkschule, er hinterfragt stets, ob bestimmte Globalaussagen (z.B. Handel hilft allen) theoretisch und praktisch in jeweiliger Absolutheit zutreffen (Ergebnis: meistens nicht). Positiv merkt man dem Buch an, dass ein Autor es in einem Guss geschrieben hat.

Das Buch zieht den Leser in einen spannenden und bildsamen Reflexionsdiskurs. Für die Durchschnittslehre dürfte das LB zu anspruchsvoll sein, aber es kann Studierenden, die über das übliche Minimum hinausgehen möchten und sich gerne auf einen interessanten Reflexionsdiskurs einlassen, nur nachdrücklich als Lektüre empfohlen werden. Teile des LB können gut als Vorschläge zur Lektürevertiefung in der Lehre dienen.

Heine/Herr (2013) bieten eine voluminöse, gelegentlich formale und insgesamt sehr niveauvolle paradigmenorientierte Einführung in die Mikro- und Makroökonomie. Aus monetärkeynesianischer Sicht kontrastieren sie einen originären und z.B. nicht am IS-LM-Modell orientierten Ansatz von Keynes mit einem neoklassischen Mainstream und dessen Verästelungen in verschiedene Denkschulen.

Die traditionelle Mikroökonomie wird weitgehend im Standardformat wiedergegeben, aber z.B. werden auch die Grenzen (keine Prozessanalyse usw.) in der kritischen Würdigung und anhand eines Beispiels zur Interaktion von Güter- und Arbeitsmarkt aufgezeigt (2013, S. 102-103), das die möglichen Folgen von Lohnkürzungen erläutert. Im Mikroteil werden keine alternativen mikroökonomischen Bausteine angeführt, was mit ihrer Ablehnung einer Mikrofundierung des Keynesschen Ansatzes zusammenhängen mag.

Ein gewisses Problem besteht im Makroteil darin, dass sie einerseits von einem legitimen pluralen paradigmatischen Zugriff auf die „Realität" ausgehen, nicht zuletzt aufgrund notwendig vorauszusetzender voranalytischer Basishypothesen, aber anderseits zwischen richtig und falsch differenzieren, so mit ihrem an sich verdienstvollen Sraffa-Modell (später wird auch der Marxsche Ansatz gewürdigt), das die neoklassische reale Makroökonomie widerlege (auch sei klar bewiesen, dass die Finanzmärkte nicht effizient seien, 2013, S. 457).

Aber ohne Frage werden die Ansätze des Monetarismus, die Phillips-Kurve, rationale Erwartungen, die Neuklassik und das Neue Konsensusmodell klar und verständlich dargelegt. Der Ansatz von Keynes wird über eine Hierarchie der Märkte eingeführt, an deren Spitze die Vermögensmärkte stehen, Geld wird mit der Tatsache genuiner Unsicherheit in Verbindung gebracht, Banken betreiben Kreditrationierung, die Geldmenge wird endogen bestimmt usw. Es mag hier offenbleiben, ob z.B. ihre Beschreibung der Depositen der Privateinleger als Refinanzierungsquellen der Banken treffend ist und ob die Rolle der Zentralbanken ganz oben in der Handlungshierarchie oder als Akteur inter pares etwas zu schwankend konzeptualisiert wird. Die Finanzmarktkrisen werden kurz (2013, S. 455-461), aber treffend v.a. über sich verstärkende Rückkoppelungsprozesse und mit der Aufzählung prägnanter Details fokussiert gekennzeichnet. Etwas unspezifisch fallen dann ihre Regulierungsüberlegungen aus.

Die NAIRU wird anerkannt, aber wesentlich durch einen langen horizontalen Bereich modifiziert (2013, S. 477-481). Heine und Herr sprechen sich für eine an der Lohnnorm (Produktivitätszuwächse plus Zielinflation) orientierte Koordination durch gesamtwirtschaftlich verantwortungsbewusste Gewerkschaften und Unternehmerverbände aus, so sei keine höhere Arbeitslosigkeit als Preis der Inflationsvermeidung zu zahlen. Auch bei Verwendung eines anderen LB kann z.B. dieser Teil als gelungene Entideologisierung der üblichen Darstellungen und Folgerungen hilfreich sein.

Eine Besonderheit sind ihre Hinweise auf die mangelnde Eindeutigkeit der Wirkungsinterdependenzen auf den Vermögens-, Güter- und Arbeitsmärkten (z.B. was die Vorrangigkeit von Preis- oder Mengeneffekten angeht) und der Hinweis auf die Bedeutung der jeweiligen historischspezifischen Situation (zur theoretischen Rückgewinnung der historischen Dimension über evolutionäre Universalien siehe Hodgson 2001), obwohl sie natürlich ausgiebig ein keynesianisches (Alternativ-)Modell dazu anbieten. Es bleibt etwas unklar, was die Erkenntnis der mangelnden Eindeutigkeit für die Relevanz ihres Modells bedeutet, das schließlich auf eindeutigen Wirkungszusammenhängen aufbaut. Der relativierende Hinweis, man könne nur kurz- bis bestenfalls mittelfristig mit stabilen Beziehungen rechnen, wird dem Problem nicht gerecht.

Für Monetär- bzw. Postkeynesianer doch etwas überraschend, kritisieren sie das Vertrauen (v.a. der neoklassischen Synthese) in die Geld- und Fiskalpolitik, aber auch des neuen Konsensmodells bezüglich der (vorhersehbaren) Wirksamkeit der Geldpolitik, was eine gewisse Politikineffektivitätsthese impliziert. Sehr gut auch als Ergänzung bei Verwendung anderer LB ist die kurze, aber treffende Kontrastierung der Grundzüge keynesianischer und neoklassischer Wirtschaftspolitiken und das Durchdeklinieren des Unterschieds hinsichtlich der Geld-, Lohn- und Fiskalpolitik. Gleiches gilt für die Thematisierung der Außenwirtschaft mit der von ihnen vertretenen Hierarchie der Währungen, ihrem Eintreten für eine internationale fiskalische Koordinierung und eine Abbremsung der deregulierten Kapitalströme, die Instabilitäten provozieren.

Insgesamt ist das LB definitiv v.a. vermittels des Ansatzes der Hierarchie der Märkte, der Folgerungen aus der NAIRU (kooperative Lohnpolitik) und der klaren wirtschaftspolitischen Kontrastierungen von neoklassischen und keynesianischen Wirtschaftspolitiken ein plurales LB, das zwar die ökologische Problematik ausblendet, das aber nicht bei den üblichen Reduzierungen des Keynesschen Anliegens auf Rigiditätsfälle stehen bleibt und realistische Politikempfehlungen enthält (ausgeglichenes konsumtives und ruhig längerfristig schuldenfinanziertes öffentliches Investitionsbudget).

Goodwin et al. (2014) ist unter pluralem Blickwinkel trotz eines gewissen einseitigen keynesianischen Bias das wohl ansprechendste LB. Auf 441 Seiten enthält es neben dem basalen Kanon erweiterte makroökonomische Ziele, eine kurze Dogmengeschichte gleich zu Anfang, um auf verschiedene Denkschulen und ihre Leistungsfähigkeit aufmerksam zu machen. Aber auch institutionelle Erfordernisse, Grenzen und potentielle Instabilitäten von Märkten werden erörtert. Auch öffentliche Güter, die ökologische Dimension und der informelle (einschließlich Hausarbeit) und öffentliche Sektor werden nicht in hintere Kapitel verbannt und unterschiedliche Arbeitsmarkttheorien einschließlich der neoklassischen vorgestellt.

Das keynesianische Einnahmen-Ausgaben-Modell wird mit Schaubildern, u.a. zur Verdeutlichung von Sickerverlusten, sehr verständlich erläutert. Das AS-AD-Modell wird neben der neuklassischen Variante z.B. in drei Bereiche unterteilt (mit einer längeren horizontalen AS-Kurve), so dass es ganz auf den Zustand der Ökonomie und der gut diskutierten Frage der jeweiligen Anpassungsgeschwindigkeiten der Märkte ankommt, ob v.a. die Fiskalpolitik wirksam sein kann oder nicht.

Die Autoren teilen die dem Neuen Makroökonomischen Konsensus entsprechende Ansicht der (Politik-)Ineffizienz in der mittleren und längeren Frist nicht, ohne die Probleme ausgleichender Fiskalpolitik (Zeitverzögerungen, eventuelles *crowding out* usw.) zu verschweigen. Die Phillips-Kurve wird als recht unstabiler Zusammenhang erwähnt, sie stellt daher keinen Kernbaustein dar. Hinsichtlich der Finanzkrise wird auf die Ursachen steigender Ungleichheit, Deregulierung usw. treffend hingewiesen.

Verdienstvollerweise liegt mit Dullien et al. (2018) eine auf Europa bezogene Version vor, was sich insbesondere in den neuen Kapiteln zur Struktur der europäischen Ökonomie (Kapitel 7), der ausgesprochen freundlich beurteilten EZB (Kapitel 12) und Kapitel 17 zur Eurokrise (zusammen etwa 100 Seiten), aber auch in den generell aktualisierten und auch auf Europa bezogenen Tabellen und Schaubildern sowie aktuellen, kurzen inhaltlichen Bezügen z.B. zur europäischen Austeritätspolitik niederschlägt. Der Preis für diese Ergänzungen ist mit 652 Seiten ein deutlich erhöhter Umfang. Leider wird wie auch bei Goodwin der Geldschöpfungsprozess nicht wirklich verständlich erklärt (2018, S. 367-369).

Insgesamt ist das inhaltsreiche LB trotz weniger Kritikpunkte aber die zurzeit wohl beste Alternative zu den vorherrschenden LB des Mainstreams. Aber die Wachstums- und ökologische Begrenzungsproblematik wird letztlich als primär technologisch lösbares Problem betrachtet (über eine Art *Green New Deal*), auch wenn abschließend ohne Kommentar Teile von Keynes' Essay zu den ökonomischen Möglichkeiten der Enkelkinder zitiert werden.

Als Ergänzung auch zu den heterodoxen LB bietet sich das flüssig geschriebene, abwechslungsreiche und viele institutionelle und wirtschaftsgeschichtliche Daten und originelle Seitenblicke auf andere Disziplinen wie Soziologe und Psychologie enthaltende LB von Komlos (2015; siehe auch die Rezension von Peukert 2015), das auch sehr plausible plurale Kritikpunkte an Annahmen und wirtschaftspolitischen Aussagen des Mainstreams vorträgt.

Varoufakis' LB (1998) dürfte eher etwas für Lehrende und Ausnahmestudierende sein, die es genauer wissen wollen und bereit sind, sich neben den rein ökonomischen Inhalten des Mainstreams und Teilen der heterodoxen Sichtweisen auf ironische, analytische und philosophische Auseinandersetzungen, methodologische und dogmenhistorische, ideenreiche und oft überraschende Reflexionen des ehemaligen griechischen Finanzministers mit einer kapitalismuskritischen Perspektive einzulassen.

Das gut verständliche LB von Adam (2015) geht weniger auf grundsätzliche Theoriedebatten ein und ist auch geeignet für die schulische Sozial- und Gemeinschaftskunde. Es sticht heraus durch die intensive Darlegung der Grundlagen und nötigen Rahmenbedingungen von Wirtschaft und Gesellschaft, der internationalen Wirtschaftsbeziehungen und v.a. der Hauptprobleme der Wirtschafts- und Gesellschaftspolitik und ihrer Strategien und Instrumente mit starkem Bezug auf die deutsche Situation. Das LB bietet erstaunlich viele aufschlussreiche Daten und institutionelle Zusammenhänge. Ohne einer ganz bestimmten heterodoxen Schulrichtung anzugehören, stellt Adam Zusammenhänge und Überlegungen z.B. zu den Ursachen der Arbeitslosigkeit und ungleichen Verteilung an, die sich sehr wohltuend vom vorherrschenden marktliberalen Konsens abheben und andere Sichtweisen der Zusammenhänge zu Wort kommen lassen.

Hier sei nur auf einige, aus marxistischer und radikaler Sicht geschriebene, sehr ansprechende, wissenschaftsgeschichtliche und die Geschichte des ökonomischen Denkens einschließende LB hingewiesen: Sawyer 1989; Stanford 2015; Sherman et al. 2008; Wolff/Resnick 2012; Sherman/Meerpol 2015; Bowles et al. 2005; Riddell et al. 2011 und, wenngleich eigentlich nicht als LB gedacht, Shaik 2016. Sie bieten trotz ihrer fast vollständigen internationalen Ausklammerung in der Hochschullehre zumeist sehr wertvolle Ergänzungen zum traditionellen Lehrkanon (z.B. zur Rolle multinationaler Konzerne).

Zu dem Marxismus nahestehenden Beiträgen zur Politischen Ökonomie aus Sicht der *Radicals* siehe auch z.B. Magnuson (2008) und die Kapitel zur Politischen Ökonomie in Jäger/Springler (2015). Da die Perspektive des kritischen Institutionalismus auch in alternativen LB meist eher vernachlässigt wird, sei hier nur auf das zwar schon in den 1960er und 1970er Jahren geschriebene LB von Kapp (2011) hingewiesen, das immer noch als fundierte und umfassende Einführung anzusehen ist.

Wenn es darum geht, auf elementarem Niveau Vergleiche zwischen Neoklassik bzw. Mainstream und anderen Ansätzen vorzunehmen, bieten sich generell Johannes Jägers und Elisabeth Springlers (2015) sowie Irene van Staverens (2015) Einführungen an. Jäger und Springler vergleichen die Neoklassik, den Keynesianismus und die Politische Ökonomie (Position der *Radicals*) hinsichtlich des Grundansatzes, Staat/Gesellschaft/ Wirtschaft, Wachstum/Entwicklung/Krise, Ungleichheit/Verteilung, Geld-/ Finanzsystem und Geographie der globalen Ökonomie, ergänzt durch vertiefende Gastbeiträge. Ihr LB ist sehr grundlegend ausgerichtet. Seine beachtliche Leistung besteht im Vergleich dreier Denkschulen und darin, ihren jeweiligen Kern treffend und verständlich zu vermitteln.

Van Staverens etwas anspruchsvolleres LB vergleicht die sozioökonomische, die (alt)institutionalistische, die postkeynesianische und die neoklassische Position in 15 Aspekten, u.a. hinsichtlich des wissenschaftstheoretischen Selbstverständnisses, Individuen und Haushalten, Konsum, Unternehmen, Staat, Arbeitsmärkten, makroökonomischen Zusammenhängen usw. Zwar wird in beiden Beiträgen die neoklassische Mikroökonomie zwangsläufig etwas kurz abgehandelt, für einen pluralen Vergleich der Ansichten verschiedener Denkschulen zu bestimmten Themen sind sie aber sehr geeignet.

Eine im Vergleich zu den bisher vorgestellten Beiträgen deutlich formalere Herangehensweise bietet das voluminöse LB von Wolfram Elsner, Henning Schwardt und Torsten Heinrich (Elsner et al. 2015). Neben einer Kritik neoklassischer Gleichgewichtskonzepte und originellen dogmenhistorischen Ausführungen z.B. zu Adam Smith und Thorstein Veblen führen sie in die evolutionäre Spieltheorie und die Komplexitätsökonomie sowie in Simulationsmodelle, *Agent-Based-Modeling* und die Netzwerkanalyse mit jeweils interessanten – und oft einfachen marktapologetischen Rezepten widersprechenden – wirtschaftspolitischen Implikationen ein. Das LB füllt hiermit durch die in den vorherrschenden LB meist überhaupt nicht vorkommenden Theorieansätze und ohne marktliberale Voreingenommenheit eine Lücke.

Das LB von Jack Reardon, Maria Madi und Molly Scott Cato (Reardon et al. 2018) stellt demgegenüber die Umweltfrage als wichtigste heutige Überlebensfrage neben Gerechtigkeitsfragen und dem Plädoyer für Pluralismus in den Vordergrund. Dabei halten die Autoren mit ihren ökologisch-suffizienzbestrebten, keynesianischen, dezentralen, demokratiefreundlichen und egalitären Ansichten nicht hinter dem Berg, wobei ihre ökologisch-begrenzende und die keynesianisch-expansive Perspektive gelegentlich interessante Reibungen hervorruft. Hinsichtlich des natürlichen Themenkanons der Volkswirtschaftslehre (ohne jegliche Schaubilder werden dem Gleichgewichtskonzept bewusst nur sehr wenige Seiten gewidmet) geht das LB als einziges in der Lehre verwendetes wohl nicht ausreichend in die Breite und Tiefe.

Es kann aber als sehr wertvolle Ergänzung zu pluralen LB wie dem zuvor besprochenen dienen, da es auch starke Seiten hat. Es bietet einen kurzen dogmenhistorischen Überblick und ein Methodenkapitel zu Stärken und Grenzen von Modellen. Die Ökologieproblematik stellt die übergreifende Klammer des LB dar, die Phänomene der Macht, der Ungleichheit und Arbeit (einschließlich informeller, familiärer und unbezahlter Arbeit) werden umfänglich beleuchtet. Die Frage des ökonomischen Wertes wird aufgegriffen, die Geldschöpfung kurz, aber richtig erklärt und es werden Regionalwährungen einbezogen (wenngleich die Reformdebatte nach der Finanzkrise in einem anderen Kapitel etwas blass und unscharf bleibt). Beim Thema Arbeitslosigkeit werden auch eventuelle Vorzüge eines bedingungslosen Grundeinkommens gewürdigt, bei den Unternehmensformen multinationale Großunternehmen angemessen einbezogen, Stakeholder-Analysen vorgeschlagen und Kooperativen und Unternehmen im Besitz der Beschäftigten als Alternativen vorgestellt.

Bei jedem Thema werden auch feministische und entwicklungspolitische Bezüge hergestellt, *Economic Governance* dient nicht nur zur Beseitigung von Marktversagen, sondern soll aktiv Leitplanken für eine grüne, möglichst dezentrale Wirtschaft einziehen. Ferner führen die Autorinnen und der Autor alternative Wohlfahrtsmasse an und diskutieren die Probleme und denkbaren Lösungen zur weitgehend fehlenden *Global Governance*, sie kontrastieren die Vor- und Nachteile der internationalen Arbeitsteilung und stellen Überlegungen zu ihrer Neugestaltung an (z.B. der Vorschlag einer Clearing Union). Abschließend wird zur reflektierten öko-sozialen Umgestaltung der Weltwirtschaft aufgerufen.

Es sollte nicht unerwähnt bleiben, dass sich die Autoren völlig mit den kritischen Anliegen der pluralen Studierenden identifizieren und das LB die ursprünglichsten Anliegen der pluralen Studierenden und vieler zivilgesellschaftlicher und ökosozial ausgerichteter Organisationen wohl am deutlichsten zum Ausdruck bringt. Insofern ließe sich auch überlegen, ob dieses LB nicht als Grundlage dienen könnte und durch ergänzende Texte z.B. zum Multiplikator, zu Marktformen oder Wechselkursregimen zu vertiefen wäre.

Kapitel 4: Weitere Makrolehrbücher und Vorschläge

Vielen der hier angeführten plural-alternativen LB geht es neben einer fairen Vorstellung verschiedener Denkschulen zwecks wirtschaftlicher und gesellschaftlicher Transformation auch um ein neues Menschenbild und Selbstverständnis. Obwohl eigentlich als mikroökonomisches LB konzipiert, soll hier noch kurz auf Adelheid Bieseckers und Stefan Kestings (2003) leider nicht mehr neu aufgelegtes LB hingewiesen werden. Sie wollen neben dem Eigentums- auch dem Geschlechter- und dem Mensch-Natur-Verhältnis Rechnung tragen. Sie bieten u.a. einen Überblick über acht Menschenbilder, die in orthodoxen und heterodoxen Denkschulen anzutreffen sind (in der humanistischen Ökonomie, der homo culturalis des kritischen Institutionalismus, das sorgende Selbst im Feminismus usw.). Bei ihnen spielen oft auch Normen, Werte, die Sprache, die Orientierung an Regeln und Mitgefühl sowie Vorsorge eine Rolle (2003, S. 126-174).

Auch unterscheiden Biesecker und Kesting im Anschluss an Habermas instrumentelles, strategisches, kommunikatives und – über Habermas hinausgehend – vorsorgendes Handeln und ordnen die Handlungstypen als wirklich sehr originelle und kreative Bereicherung den verschiedenen Denkschulen zu (siehe die Abbildung dort auf Seite 176), so dass Märkte als komplexe Überschneidungen dieser Handlungsorientierungen erscheinen (siehe auch die zusammenfassende Abbildung auf Seite 313). Bei einer solchen sozialen Konstruktion der Märkte – sie beschreiben u.a. Dienstleistungs- und Arbeitsmärkte – bildet die neoklassische Markttheorie einen Spezialfall ab. Insbesondere zur Stärkung sozialökologischer Aspekte in der Volkswirtschaftslehre leistet das LB einen wertvollen Beitrag.

Als Fazit des Rundumblicks in diesem Kapitel lässt sich festhalten: Eine andere und plurale Lehre ist möglich. Es gibt viele ansprechende LB-Angebote, die die konzeptionellen und auch ideologischen Einseitigkeiten, die sehr abstrakten, wenig auf Institutionen, empirische Daten und wirtschaftsgeschichtliche Zusammenhänge eingehenden, oft nur einer Denkschule verpflichteten LB der Volkswirtschaftslehre nicht teilen. Sie fühlen sich einem demokratischen, sozialen, kulturell diversen und ökologischen Leitbild und dem Wissenschaftsideal einer auch innerwissenschaftlich herrschaftsfreien Kommunikationsgemeinschaft verpflichtet, in der die verschiedenen Denkschulen miteinander um die nie gewisse und bestreitbare Wahrheit ringen, um zusammen den Herausforderungen des

21. Jahrhunderts gewachsen zu sein und kreativ eine v.a. angesichts der ökologischen Begrenzungskrise angemessene Wirtschafts- und Lebenswelt des guten Lebens mitzugestalten.

Literaturverzeichnis

Adam. H. Bausteine der Wirtschaft. 16., überarb. Aufl. SpringerVS, 2015.

Arestis, P./Sawyer, M. „The Bank of England macroeconomic model: Its nature and implications". Journal of Post Keynesian Economics, 24 (2002), 529-545.

Arnold, L. Makroökonomik. 5. Aufl. Mohr Siebeck, 2016.

Aslanbeigui, N./Naples, M. „Positivism versus paradigm: The epistemology of economic debate in introductory textbooks". Dieselben (Hrsg.). Rethinking economic principles. Irwin, 1996, 1-27.

Ball, L. Hysteresis in unemployment: Old and new evidence. NBER Working Paper Nr. 14818, 2009 (http://www.nber.org/papers/w14818.pdf).

Barens, I./Caspari, V. (Hrsg.). Das IS-LM-Modell. Metropolis, 1994.

Barnes, M./Olivei, G. „Inside and outside bounds: Threshold estimates of the Phillips curve". New England Economic Review, Issue 2003, 3-18.

Barro, R. Macroeconomics. International student edition. Thomson, 2008.

Barro, R./Grilli, V. Makroökonomie. Oldenbourg, 1996.

Bartling, H./Luzius, F. Grundzüge der Volkswirtschaftslehre. 17., erg. Aufl. Vahlen, 2014.

Baßeler, U. et al. Grundlagen und Probleme der Volkswirtschaft. 19., überarb. Aufl. Schäffer-Poeschel, 2010.

Beck, H. Der Alltagsökonom. 5. Aufl. dtv, 2009.

Beck, H. Volkswirtschaftslehre. Oldenbourg, 2012.

Beckenbach, F. et al. Zur Pluralität der volkswirtschaftlichen Lehre in Deutschland. Metropolis, 2016.

Berg, H. v. d. International economics. M.E. Sharpe, 2012.

Biesecker, A./Kesting, S. Mikroökonomik: Eine Einführung aus sozial-ökologischer Perspektive. Oldenbourg, 2003.

Birks, S. Textbook commentaries: Mankiw's principles. 2014 (https://www.world economicsassociation.org/textbook-commentaries/).

Blanchard, O. „What do we know about macroeconomics that Wicksell and Fisher did not?". Quarterly Journal of Economics, 115 (2000), 1375-1409.

Blanchard, O. „The logic and fairness of Greece's program". IMFdirect, 2012 (https://blogs.imf.org/2012/03/19/the-logic-and-fairness-of-greeces-pro gram/).

Blanchard, O. „How to teach intermediate macroeconomics after the crises". Juni 2016 (https://piie.com/blogs/realtime-economic-issues-watch/how-teach-intermediate-macroeconomics-after-crisis).

Blanchard, O. „On the future of macroeconomic models". Oxford Review of Economic Policy, 34 (2018), 43-54.

Blanchard, O./Summers, L. Hysteresis and the European unemployment problem. NBER, 1986 (http://www.nber.org/chapters/c4245.pdf).

Blanchard, O/Illing, G. Makroökonomie. 3., akt. Aufl. Pearson, 2004.

Blanchard, O./Johnson, D. Macroeconomics. 6. Aufl. Global edition. Pearson, 2013.

Blanchard, O./Leigh, D. Growth forecast errors and fiscal multipliers. NBER WP, Nr. 18779, Februar 2013 (http://www.nber.org/papers/w18779).

Blanchard, O./Illing, G. Makroökonomie. 6., akt. Aufl. Pearson, 2014.

Blanchard, O./Illing, G. Makroökonomie. 7., akt. und erw. Aufl. Pearson, 2017.

Blanchard, O. et al. „Inflation and activity". IMF Working Paper, Nov. 2015 (https://www.imf.org/external/pubs/ft/wp/2015/wp15230.pdf).

Blanchard, O. et al. Macroeconomics: A European perspective. 3. Aufl. Pearson, 2017.

Blanchflower, D.G./Oswald, A.J. „An introduction to the wage curve". Journal of Economic Perspectives, 9 (1995), 153-167.

Bofinger, P. Grundzüge der Volkswirtschaftslehre. 4., akt. Aufl. Pearson, 2015.

Bofinger, P./Mayer, E. Grundzüge der Volkswirtschaftslehre: Übungsbuch. 3. Aufl. Pearson, 2015.

Bowles, S. et al. Understanding capitalism. 3. Aufl. Oxford University Press, 2005.

Brancaccio, E. Anti-Blanchard. 3. Aufl. Franco Angeli, 2017.

Brancaccio, E./Fontana, G. (Hrsg.). The global economic crisis. Routledge, 2011.

Brancaccio, E./Saraceno, F. „Evolutions and contradictions in mainstream macroeconomics: The case of Olivier Blanchard". Review of Political Economy, 29 (2017), 345-359.

Braunberger, G. Ist die Phillips-Kurve tot? 2017 (http://blogs.faz.net/fazit/2017/ 12/06/ist-die-phillips-kurve-tot-9431/).

Brichta, R./Voglmaier, A. Die Wahrheit über Geld. Börsenbuchverlag, 2013.

Burda, M./Wyplosz, C. Macroeconomics. 7. Aufl. Oxford University Press, 2017.

Carlin, W./Soskice, D. Macroeconomics. Oxford University Press, 2006.

Carlin, W./Soskice, D. Macroeconomics. Oxford University Press, 2015.

Champlin, D./Knoedler, J. (Hrsg.). The institutionalist tradition in labor economics. M.E. Sharpe, 2004.

Cherry, R. „Full employment in introductory macroeconomics textbooks". Aslanbeigui, N./Naples, M. (Hrsg.). Rethinking economic principles. Irwin, 1996, 127-139.

Cohn, S.M. Reintroducing macroeconomics. M.E. Sharpe, 2007.

Colander, D. „The stories we tell: A reconsideration of AS/AD analysis". Journal of Economic Perspectives, 9 (1995), 169-188.

Colander, D. Macroeconomics. 9. Aufl. McGraw-Hill, 2013.

Colander, D. „Why economics textbooks should, but don't, and won't change". Intervention, 12 (2015), 229-235.

Colander, D. Economics. 10. Aufl. McGraw-Hill, 2017.

Colander, D. (Hrsg.). Incentive-based incomes policies. Ballinger Publishing, 1986.

Colander, D./Sephton, P. „Acceptable and unacceptable dirty pedagogy: The case of ASAD". Rao, B. (Hrsg.). Aggregate demand and supply. Macmillan, 1998, 137-154.

Colander, D./Rothschild, C. „Complexity and macro pedagogy: The complexity vision as a bridge between graduate and undergraduate macro". Fontana, G./Setterfield, M. (Hrsg.). Macroeconomic theory and macroeconomic pedagogy. Palgrave, 2010, 118-128.

Core Team. The economy. Oxford University Press, 2017.

Darity, W./Young, W. „IS-LM: An inquest". History of Political Economy, 27 (1995), 1-41.

Dasgupta, P. Economics: A very short introduction. Oxford University Press, 2007.

DeLong, B./Summers, L. „Fiscal policy in a depressed economy". Brookings Papers on Economic Activity, Frühling 2012, 233-297 (inklusive Diskussionsbeiträge).

Deutsche Bundesbank. „Die Rolle von Banken, Nichtbanken und Zentralbank im Geldschöpfungsprozess". 2017 (https://www.bundesbank.de/Redaktion/ DE/Downloads/Veroeffentlichungen/Monatsberichtsaufsaetze/2017/2017 _04_geldschoepfungsprozess.pdf?__blob=publicationFile).

Dorman, P. Macroeconomics. Springer, 2014.

Dorn, D. et al. Volkswirtschaftslehre 2. 5. Aufl. Oldenbourg, 2010.

Dornbusch, R. et al. Macroeconomics. International edition. 9. Aufl. McGraw-Hill, 2004.

Literaturverzeichnis

Dotsey, M. Do Phillips curves conditionally help to forecast inflation? Federal Reserve Bank of Philadelphia, 2017 (https://www.philadelphiafed.org/-/media/research-and-data/publications/working-papers/2017/wp17-26.pdf).

Drost, A. et al. Übungsbuch zu Felderer/Homburg. 5., erw. Aufl. Springer, 2003.

Dullien, S. et al. Macroeconomics in context: A European perspective. Routledge, 2018.

Earle, J. et al. The econocracy. Manchester University Press, 2017.

Edling, H. Volkswirtschaftslehre – schnell erfasst. 3., erw. Aufl. Springer, 2010.

Ehnts, D. A model of a currency union with endogenous money and saving-investment imbalances. 2012 (https://www.boeckler.de/pdf/v_2012_10_25_ehnts.pdf).

Ehnts, D. Geld und Kredit. Metropolis, 2016.

Ehnts, D. „Die aktuelle Kritik an der makroökonomischen Geldtheorie: Replik und Erwiderung". Wirtschaftsdienst, 98 (2018), 137-142.

Elsner, W. et al. The microeconomics of complex economies. Elsevier, 2015.

Fatas, A./Summers, L. „The permanent effects of fiscal consolidation". 2016 (http://www.nber.org/papers/w22374).

Feenstra, R./Taylor, A. International macroeconomics. 2. Aufl. Worth Publishers, 2008.

Felderer, B./Homburg, S. Macroeconomics and new macroeconomics. 2. Aufl. Springer, 1992.

Felderer, B./Homburg, S. Makroökonomik und neue Makroökonomik. 9. Aufl. Springer, 2005.

Fields, T./Hart, W. „The AS-AD model in introductory macroeconomics texts: Theory gone awry". Aslanbeigui, N./Naples, M. (Hrsg.). Rethinking economic principles. Irwin, 1996, 140-150.

Filardo, A. „New evidence on the output cost of fighting inflation". Federal Reserve Bank of Kansas City. Quarterly Review, 83 (1998), 33-61.

Flaschel, P. et al. Keynesianische Makroökonomik. 3. Aufl. Springer, 2012.

Fontana, G./Setterfield, M. (Hrsg.). Macroeconomic theory and macroeconomic pedagogy. Palgrave, 2010.

Fontana, G./Setterfield, M. „A simple (and teachable) macroeconomic model with endogenous money". Fontana, G./Setterfield, M. (Hrsg.). Macroeconomic theory and macroeconomic pedagogy. Palgrave, 2010, 144-168.

Frank, R./Bernanke, B. Principles of economics. 4. Aufl. McGraw-Hill, 2009.

Freeman, R.B. „The exit-voice tradeoff in the labor market: Unionism, job tenure, quits and separations". Freeman, R.B. Labour markets in action. Harvester Wheatsheaf, 1989, 69-196.

Literaturverzeichnis

Friedman, M. „The role of monetary policy". American Economic Review, 58 (1968), 1-17.

Friedman, M. „Inflation and unemployment". Nobel memorial lecture, 1976a (https://www.nobelprize.org/nobel_prizes/economic-sciences/laureates/1976/friedman-lecture.html).

Friedman, M. Price theory. Aldine Publishing, 1976b.

Funk, L. et al. Makroökonomik. 8. Aufl. Lucius und Lucius, 2008.

Galbraith, J.K. „Time to ditch the NAIRU". Journal of Economic Perspectives, 11 (1997), 93-108.

Galbraith, J.K./Darity, W. Macroeconomics. VSSD, 2005.

Gärtner, M. „Teaching economics to undergraduates in Europe: Volume, structure, and contents". Journal of Economic Education, 32 (2001), 219-230.

Gärtner, M. Macroeconomics. 3. Aufl. Prentice Hall, 2009.

Goodwin, N. et al. Macroeconomics in context. 2. Aufl. M.E. Sharpe, 2014.

Gordon, R.J. „The time-varying NAIRU and its implications for economic policy". Journal of Economic Perspectives, 11 (1997), 11-32.

Grieve, R. „Review article: Aggregate demand, aggregate supply, a Trojan horse and a Cheshire cat". Journal of Economic Studies, 23 (1996), 64-82.

Hagen, T. et al. Makroökonomie Übungsbuch. 5., akt. Aufl. Pearson, 2018.

Hall, T.E./Hart, W.R. „The Samuelson-Solow Phillips curve and the great inflation". History of Economics Review, 55 (2012), 62-72.

Hanusch, H. et al. Volkswirtschaftslehre 1: Grundlegende Mikro- und Makroökonomik. 6. Aufl. Springer, 2002.

Harvey, J. Contending perspectives in economics. Edward Elgar, 2015.

Harvey, J. Currencies, capital flows and crises: A Post Keynesian analysis of exchange rate determination. Routledge, 2009.

Hein, E. „Bastard-Keynesianismus in einer ‚doktrinenbezogenen Darstellung des Stoffes'". Treeck, T. v./Urban, J. (Hrsg.). Wirtschaft neu denken. iRights, 2016, 210-218.

Hein, E. et al. (Hrsg.). Neu-Keynesianismus. Metropolis, 2003.

Heine, M./Herr, H. Volkswirtschaftslehre. 4., überarb. und erw. Aufl. Oldenbourg, 2013.

Hodgson, G.M. How economics forgot history. Routledge, 2001.

Homann, K./Suchanek, A. Ökonomik. 2., überarb. Aufl. Mohr Siebeck, 2005.

Hoover, K.D. The genesis of Samuelson and Solow's price-inflation Phillips curve. 2014 (https://hope.econ.duke.edu/sites/hope.econ.duke.edu/files/Samuelson-Solow%20Genesis%207%20July%202014.pdf).

Horn, R. v. „Reinventing monopoly and the role of corporations: The roots of Chicago law and economics". Mirowski, P./Plehwe, D. (Hrsg.). The road from Mont Pèlerin. Harvard University Press, 2015, 204-237.

Huber, J. Der Euro. SpringerGabler, 2017.

Humphrey, T.M. „The evolution and policy implications of Phillips curve analysis". Economic Review, 71 (1985), 3-22.

Jäger, J./Springler, E. Ökonomie der internationalen Entwicklung: Eine kritische Einführung in die Volkswirtschaftslehre. Mandelbaum, 2015.

Kapp, K.W. The foundations of institutional economics. Routledge, 2011.

King, J.E. Post Keynesian economics. Edward Elgar, 2015.

King, R. The new IS-LM model: Language, logic and limits. 2000 (http://ssrn.com/abstract=2126570).

Kirchgässner, G. Homo Oeconomicus. 2., erg. Aufl. Mohr Siebeck, 2000.

Knorring, E. v. Volkswirtschaftslehre. 6., erw. Aufl. Holzmann, 2010.

Komlos, J. Ökonomisches Denken nach dem Crash: Einführung in eine realitätsbasierte Volkswirtschaftslehre. Metropolis, 2015.

Koo, R. The escape from balance sheet recession and the QE trap. Wiley, 2015.

Krugman, P. „Good enough for government work? Macroeconomics since the crisis". Oxford Review of Economic Policy, 34 (2018), 156-165.

Krugman, P./Wells, R. Volkswirtschaftslehre. 2. Aufl. Schäffer-Poeschel, 2017.

Kuttner, R. Can democracy survive global capitalism? Norton, 2018.

Lampert, H./Bossert, A. Die Wirtschafts- und Sozialordnung der BRD im Rahmen der EU. 17., überarb. Aufl. Olzog, 2011.

Lavoie, M. „Taming the new consensus: Hysteresis and some other Post-Keynesian amendments". Fontana, G./Setterfield, M. (Hrsg.). Macroeconomic theory and macroeconomic pedagogy. Palgrave, 2010, 191-213.

Lavoie, M. „Carlin and Soskice: Macroeconomics, 2015 [Review]". Intervention, 12 (2015), 135-142.

Lavoie, M. Post-Keynesian economics. Edward Elgar, 2014.

Lee, F. „A heterodox teaching of neoclassical microeconomic theory". International Journal of Pluralism and Economics Education, 1 (2010), 203-235.

Leeson, R. „Early doubts about the Phillips curve trade-off". Journal of the History of Economic Thought, 20 (1998), 83-102.

Leeson, R. „The political economy of the inflation-unemployment trade-off". History of Political Economy, 29 (1997), 117-156.

Lerner, A.P. Economics of employment. Greenwood, 1978 (^{1}1951).

Magnuson, J. Mindful economics. Seven Stories Press, 2008.

Mankiw, G. Makroökonomik. 6., überarb. Aufl. Schäffer-Poeschel, 2011.

Mankiw, G. Makroökonomik. 7., überarb. Aufl. Schäffer-Poeschel, 2017.
Mankiw, G. Brief principles of macroeconomics. 8. Aufl. Cengage, 2018.
Mankiw, G./Taylor, M. Macroeconomics: European edition. 2. Aufl. Worth Publishers, 2014.
Mankiw, G./Taylor, M. Grundzüge der Volkswirtschaftslehre. 6., überarb. Aufl. Schäffer-Poeschel, 2016.
Mayer, T. Die neue Ordnung des Geldes. FinanzBuch Verlag, 2014.
Mazzucato, M. Das Kapital des Staates. Kunstmann, 2014.
McDowell, M. et al. Principles of economics. 3. European edition. McGraw-Hill, 2012.
McLeary, M. et al. Money creation in the modern economy. 2014 (https://www.bankofengland.co.uk/-/media/boe/files/quarterly-bulletin/2014/money-creation-in-the-modern-economy.pdf).
Mirowski, P. „Postface: Defining neoliberalism". Mirowski, P./Plehwe, D. (Hrsg.). The road from Mont Pèlerin. Harvard University Press, 2015, 417-455.
Mishkin, F.S. Macroeconomics. 2. Aufl. Global edition. Pearson, 2015.
Mitchell, B. Paradigm shift: Not from the CORE econ project – as mainstream as you will get. September 2017 (http://bilbo.economicoutlook.net/blog/?p=36855).
Mitchell, B. The IS-LM framework. Mit sieben Beiträgen, 2013 (http://bilbo.economicoutlook.net/blog/).
Mitchell, W./Muysken, J. Full employment abandoned: Shifting sands and policy failures. Edward Elgar, 2008.
Mitchell, W./Fazi, T. Reclaiming the state. Pluto Press, 2017.
Mitchell, W. et al. Modern money theory and practice. Create Space, 2016.
Moseley, F. „Criticism of aggregate demand and aggregate supply and Mankiw's presentation". Review of Radical Political Economics, 42 (2010), 308-314.
Mussel, G. Einführung in die Makroökonomik. 11. Aufl. Vahlen, 2013.
Nadler, M. „A reconstruction of principles of macroeconomics based on the pedagogical model used in principles of microeconomics". Aslanbeigui, N./Naples, M. (Hrsg.). Rethinking economic principles. Irwin, 1996, 151-163.
Naidu, S. et al. Antitrust remedies for labor market power. 2018 (https://papers.ssrn.com/sol3/papers.cfm?abstract_id=3129221).
Naples, M./Aslanbeigui, N. „Is there a theory of involuntary unemployment in introductory textbooks?". Aslanbeigui, N./Naples, M. (Hrsg.). Rethinking economic principles. Irwin, 1996, 109-126.

Nijkamp, P./Poot, J. „The last word on the wage curve?". Journal of Economic Surveys, 19 (2005), 421-450.

Ötsch, W. et al. Netzwerke des Marktes. SpringerVS, 2018.

Peukert, H. „Ist die deutsche Unternehmensmitbestimmung ein Auslaufmodell oder war sie noch nie so wertvoll wie heute?" Peukert, H. (Hrsg.). Keine Arbeit – und so viel zu tun! LIT, 2007, 151-166.

Peukert, H. Die große Finanzmarkt- und Staatsschuldenkrise. 5., erw. Aufl. Metropolis, 2013.

Peukert, H. „Komlos, J. Ökonomisches Denken nach dem Crash [Rezension]". 2015 (http://norberthaering.de/de/buchtipps/rezensionen/478-john-komlos-entwirft-eine-realitaetsbasierte-vwl).

Peukert, H. „Die (Nicht-)Auswirkung der Finanzkrise auf ein Lehrbuch der Volkswirtschaftslehre" Allespach, M./Sahin, B. (Hrsg.). Zur Berechtigung einer pluralen Ökonomik. Bund, 2016, 73-110.

Peukert, H. Das Moneyfest. 3. Aufl. Metropolis, 2017.

Peukert, H. Mikroökonomische Lehrbücher: Wissenschaft oder Ideologie? Metropolis, 2018.

Phelps, E.S. et al. Microeconomic foundations of employment and inflation theory. Macmillan, 1970.

Pienkos, A. „More than sins of omission: The case for internationalizing macro principles". Aslanbeigui, N./Naples, M. (Hrsg.). Rethinking economic principles. Irwin, 1996, 167-179.

Priewe, J. „Review of exchange-rate theories in four leading economics textbooks". Intervention, 14 (2017), 32-47.

Pugel, T. International economics. 16. Aufl. McGrawHill, 2016.

Rao, B. (Hrsg.). Aggregate demand and supply. Macmillan, 1998.

Rao, B. „The nature of the ADAS model based on the ISLM model". Cambridge Journal of Economics, 31 (2007), 413-422.

Raworth, K. Die Donut-Ökonomie. Hanser, 2018.

Reardon, J. et al. Introducing a new economics: Pluralist, sustainable and progressive. Pluto Press, 2018.

Rebhan, C. Einseitig oder plural? Metropolis, 2017.

Riddell, T. et al. Economics: A tool for critically understanding society. 9. Aufl. Addison-Wesley, 2011.

Robinson, J./Eatwell, J. Einführung in die Volkswirtschaftslehre. Fischer, 1980.

Rodrik, D. Das Globalisierungs-Paradox. Beck, 2011.

Rodrik, D. Straight talk on trade. Princeton University Press, 2018.

Romer, D. „Keynesian macroeconomics without the LM curve". Journal of Economic Perspectives, 14 (2000), 149-169.

Rothengatter, W./Schaffer, A. Makro kompakt. Physica, 2006.

Rothengatter, W./Schaffer, A. Makro kompakt. 2. Aufl. Physica, 2008.

Ruccio, D. „Utopia and macroeconomics". WEA commentaries, 8 (2018), 3-5 (https://anticap.wordpress.com/2018/04/25/utopia-and-macroeconomics/).

Samuelson, P. „Foreword". Saunders, P./Walstad, W. (Hrsg.). The principles of economics course. McGraw-Hill, 1990, IX-X.

Samuelson, P./Nordhaus, W. Volkswirtschaftslehre. 4., akt. Aufl. FinanzBuch Verlag, 2010.

Santomero, A.M./Seater, J.J. „The inflation-unemployment trade-off". Journal of Economic Literature, 16 (1978), 499-544.

Sawyer, M. „Teaching macroeconomics when the endogeneity of money is taken seriously". Fontana, G./Setterfield, M. (Hrsg.). Macroeconomic theory and macroeconomic pedagogy. Palgrave, 2010, 131-143.

Sawyer, M. The challenge of radical political economy: An introduction to the alternatives to neo-classical economics. Harvester Wheatsheaf, 1989.

Schmidt, J. „Reforming the undergraduate macroeconomics curriculum: The case of a thorough treatment of economic relationships". International Journal of Pluralism and Economics Education, 8 (2017), 42-67.

Sekera, J. „The public economy: understanding government as a producer. A reformation of public economics". real-world economics review, Nr. 84 (2018), 36-99 (http://www.paecon.net/PAEReview/issue84/Sekera84.pd).

Seccareccia, M./Lavoie, M. Sir John and Maynard would have rejected the IS-LM framework for conducting macroeconomic analysis. 2015 (https://www.i neteconomics.org/perspectives/blog/sir-john-and-maynard-would-have-re jected-the-is-lm-framework-for-conducting-macroeconomic-analysis).

Shaik, A. Capitalism. Oxford University Press, 2016.

Shapiro, C./Stiglitz, J. „Equilibrium unemployment as a worker discipline device". American Economic Review, 74 (1984), 433-444.

Sheehan, B. et al. „Give them something to think about, don't tell them what to think: A constructive heterodox alternative to the Core project". Journal of Australian Political Economy, 75 (2015), 211-232.

Sherman, H. et al. Economics. 7. Aufl. M.E. Sharpe, 2008.

Sherman, H./Meerpol, M. Principles of macroeconomics. London: Routledge, 2015.

Siebert, H./Lorz, O. Einführung in die Volkswirtschaftslehre. 15. Aufl. Kohlhammer, 2007.

Sleeman, A.G. „The Phillips curve: A rushed job?". Journal of Economic Perspectives, 25 (2011), 223-238.

Smithin, J. „Teaching the new consensus model of ‚modern monetary economics' from a critical perspective: Pedagogical issues". Fontana, G./Setterfield, M. (Hrsg.). Macroeconomic theory and macroeconomic pedagogy. Palgrave, 2010, 255-272.

Snowdon, B. et al. A modern guide to macroeconomics. Edward Elgar, 1994.

Snowdon, B./Vane, H. Modern macroeconomics. Edward Elgar, 2005.

Spahn, P. Streit um die Makroökonomie. Metropolis, 2016.

Staiger, D. et al. „The NAIRU, unemployment and monetary policy". Journal of Economic Perspectives, 11 (1997), 33-49.

Stanford, J. Economics for everyone. 2. Aufl. Pluto Press, 2015.

Stanley, T.D. „Does economics add up: An introduction to meta-regression analysis". Intervention, 10 (2013), 207-220.

Staveren, I. v. Economics after the crisis: An introduction to economics from a pluralist and global perspective. Routledge, 2015.

Stiglitz, J. „Reflections on the natural rate hypothesis". Journal of Economic Perspectives, 11 (1997), 3-10.

Stiglitz, J. Die Schatten der Globalisierung. Siedler, 2002.

Stiglitz, J./Walsh, C. Makroökonomie. 4. Aufl. Oldenbourg, 2013.

Stirati, A. „The core team: The economy, 2017 [Review]". Intervention, 15 (2018), 108-112.

Stirati, A. „Blanchard, the NAIRU, and economic policy in the eurozone". März 2016 (https://www.ineteconomics.org/perspectives/blog/blanchard-the-nairu-and-economic-policy-in-the-eurozone).

Stockhammer, E. „Is the NAIRU theory a monetarist, new Keynesian, Post Keynesian or a Marxist theory?". Metroeconomica, 59 (2008), 479-510.

Storm, S./Naastepad, C. Macroeconomics beyond the NAIRU. Harvard University Press, 2012.

Stretton, H. Economics. Pluto Press, 2000.

Suntum, U. v. Die unsichtbare Hand. 5., akt. Aufl. SpringerGabler, 2013.

Taylor, J.B./Weerapana, A. Economics. 7. Aufl. Cengage, 2012.

Thorbecke, W. „Inflation targeting and the natural rate of unemployment". Levy Institute, Policy note, 1/2004 (https://econpapers.repec.org/paper/levlevypn/04-1.htm).

Thornton, T.B. From economics to political economy. Routledge, 2017.

Treeck, T. v./Urban, J. (Hrsg.). Wirtschaft neu denken. iRights, 2016.

Truger, A. „Verkehrte Welt in Sachen Fiskalpolitik?". Treeck, T. v./Urban, J. (Hrsg.). Wirtschaft neu denken. iRights, 2016, 220-232.

Varoufakis, Y. Foundations of economics. Routledge, 1998.

Vroey, M. de. A history of macroeconomics. Cambridge University Press, 2016.

Vroey, M. de/Hoover, K. (Hrsg.). The IS-LM model. HOPE Supplement. Duke University Press, 2004.

Weise, C./Barbera, R. „Minsky meets Wicksell". Fontana, G./Setterfield, M. (Hrsg.). Macroeconomic theory and macroeconomic pedagogy. Palgrave, 2010, 214-233.

Welfens, P. Grundlagen der Wirtschaftspolitik. 5. Aufl. SpringerGabler 2013.

Wickens, M. Macroeconomic theory. 2. Aufl. Princeton University Press, 2011.

Wigstrom, C.W. „A survey of undergraduate economics programmes in the UK". 2013 (https://www.ineteconomics.org/uploads/downloads/existing_under grad_econ_curriculum_UK.pdf).

Wilkinson, R./Pickett, K. Gleichheit. 5. Aufl. Haffmans und Tolkemitt, 2016.

Williamson, S. Macroeconomics. 6. Aufl. Pearson, 2018.

Wolff, R./Resnick, S. Contending economic theories: Neoclassical, Keynesian, and Marxian. MIT Press, 2012.

Woll, A. Volkswirtschaftslehre. 16., überarb. Aufl. Vahlen, 2011.

Woltmann, H.-W. Grundzüge der makroökonomischen Theorie. 6. Aufl. Oldenbourg, 2012.

Wray, L.R. Modern money theory. 2. Aufl. Palgrave, 2015.

Young, W./Zilberfarb, B. (Hrsg.). IS-LM and modern macroeconomics. Springer, 2000.